A Nova Segurança e Medicina do Trabalho

Gleibe Pretti
Advogado e perito judicial.
Formado pela Universidade São Francisco.
Pós-Graduado em Direito Constitucional e em Direito e Processo do Trabalho pela UNIFIA.
Mestre pela Universidade de Guarulhos.
Doutorando em Educação pela Universidade de São Caetano do Sul.
Autor de diversas obras na LTr Editora.

Marcos Oliveira Santos
Graduação em Educação Física pelas Faculdades Esefap de Tupã –SP.
Graduação em Fisioterapia pelas Faculdades Fadap/Fap de Tupã – SP.
Graduação em Pedagogia pela FALC – Faculdade da Aldeia de Carapicuíba.
Pós-Graduado em Fisiologia do Exercício pelas Faculdades Esefap de Tupã – SP.
Pós-Graduado em Fisioterapia Manipulativa e Postural pelas Faculdades Fadap/Fap de Tupã – SP.
Mestre em Ciência Animal pela Unoeste – Presidente Prudente.
Doutorando em Engenharia Biomédica pela Universidade Brasil de São Paulo.

A Nova Segurança e Medicina do Trabalho

Com exercícios práticos para evitar doenças laborais

Incluindo:
• Fiscalização do Trabalho
• Terceirização
• Síndrome de *Burnout*

EDITORA LTDA.
© Todos os direitos reservados

Rua Jaguaribe, 571
CEP 01224-003
São Paulo, SP — Brasil
Fone: (11) 2167-1101
www.ltr.com.br
Maio, 2019

Projeto Gráfico e Editoração Eletrônica: Peter Fritz Strotbek – The Best Page
Projeto de Capa: Fabio Giglio
Impressão: Meta Brasil

Versão impressa: LTr 6176.3 — ISBN 978-85-361-9952-8
Versão digital: LTr 9553.4 — ISBN 978-85-301-0013-1

Dados Internacionais de Catalogação na Publicação (CIP)
(Câmara Brasileira do Livro, SP, Brasil)

Pretti, Gleibe

A nova segurança e medicina do trabalho : com exercícios práticos para evitar doenças laborais / Gleibe Pretti, Marcos Oliveira Santos. — São Paulo : LTr, 2019.

Bibliografia.
ISBN 978-85-361-9952-8

1. Doenças ocupacionais 2. Estresse ocupacional 3. Medicina do trabalho 4. Segurança do trabalho 5. Terceirização do trabalho I. Santos, Marcos Oliveira. II. Título.

18-23086   CDU-34:331.822

Índice para catálogo sistemático:
11. Medicina do trabalho : Direito do trabalho   34:331.822

Cibele Maria Dias – Bibliotecária – CRB-8/9427

Agradeço a Deus, a Nosso Senhor Jesus Cristo, à Nossa Senhora, e a todos os amigos que me acompanham.

Dedico esse livro à minha família, minha esposa, meus filhos, meu Pai, Mãe, Irmão e Sobrinhos.

A todos os alunos pelas dúvidas apresentadas que me fazem pensar.

Obrigado!

Prof. Gleibe Pretti

Agradeço a Deus, e a todos os amigos que me acompanham.

Dedico esse livro à minha família, minha esposa, meus filhos, meu Pai, Mãe, Irmãos, Sobrinhos e meus parceiros durante a produção desta obra, Prof. Gleibe Pretti, Jessica Ferreira da Costa, Érica de Moura Ferreira, Mulaza Carlos Pinto, Gabriela Lopes Garcia, Sandy Gregório Vargas Jonas e Bruna de Lima Zavatin Borbolan, e os fisioterapeutas Reinaldo e Jeferson. Obrigado!

Prof. Marcos Oliveira Santos

Sumário

Apresentação.. 13

Capítulo 1 — Segurança do Trabalho... 15
1.1. Conceito 15
1.2. Inspeção prévia do estabelecimento, interdição e embargo 16
1.3. Acidente do trabalho 17
1.4. Equipamento de Proteção Individual (EPI) 18
    Jurisprudência 19
1.5. Equipamento de Proteção Coletivo (EPC) 19
1.6. CIPA — Comissão Interna de Prevenção de Acidentes............................... 19
1.7. CIPATR — Comissão Interna de Prevenção de Acidentes do Trabalho Rural...... 20
1.8. Prevenção de riscos ambientais.. 20
    1.8.1. Insalubridade 21
        Jurisprudência 22
        1.8.1.1. Jurisprudência correlata... 23
    1.8.2. Periculosidade 24
        Jurisprudência 24
        1.8.2.1. Jurisprudência correlata... 24
    1.8.3. Perícia técnica.. 25
        Jurisprudência 25
    1.8.4. Controle médico.. 33
    1.8.5. Atividades perigosas 33
        Jurisprudência 33
1.9. Vigilantes.. 33
    Jurisprudência 34

1.10. Ergonomia 34
    Jurisprudência 35
        1.10.1. Prevenção da fadiga 35
            Jurisprudência 36
1.11. Proteção ao trabalho do menor 36
    Jurisprudência 37
        1.11.1. Extinção do contrato de aprendizagem 37
1.12. Penosidade 38
    Jurisprudência 38
1.13. Outras regras de proteção 38

Capítulo 2 — Fiscalização do Trabalho 40
2.1. Introdução 40
2.2. Fundamentação legal 40
2.3. Sujeitos 41
    Jurisprudência 41
2.4. Documentação obrigatória 42
    Jurisprudência 43
2.5. Concessão de prazo para exibição dos documentos 45
    Jurisprudência 45
2.6. Acesso livre 45
    Jurisprudência 46
2.7. Atuação do auditor-fiscal 47
    Jurisprudência 47
2.8. Defesa e recurso 47
2.9. Empresa enquadrada no Simples 48
2.10. Força policial ou especialista 48

Capítulo 3 — Terceirização 49
3.1. Conceito e considerações 49
    Jurisprudência 49
    Precedentes 52
    Histórico 55
    Jurisprudência 56
3.2. Contrato de prestação de serviço 56
3.3. Descaracterização da terceirização 56
    Jurisprudência 57

3.4. Responsabilidade e obrigação trabalhista 58
    Novas regras com a reforma trabalhista acerca da terceirização 58
    Jurisprudência 60

2ª Parte — Prática e Exercícios Laborais Acerca do Tema

Ginástica Laboral 65

Síndrome de *Burnout* 115
    Outros sintomas 120
    Implicações do *Burnout* no mercado de trabalho 121
    Fatores de risco 125
    Consequências e implicações 127
    Prevenção 128
    Lista de doenças relacionadas ao trabalho 130
    Transtornos mentais e do comportamento relacionados com o trabalho (Grupo V da Cid-10) 130
    Doenças 130
    A tecnologia contribuindo para o crescimento do estresse 131
    Risco de suicídio e tratamentos 132
    Tratamento 133
    Comparação entre os tratamentos alternativos aceitos pelos respondentes 134
    Hipnose 134
    Acupuntura 136
    Exercício físico 136
    Intervenção com exercícios físicos como complemento no tratamento da depressão 138
    A associação entre confiança e o desejo de aumentar a atividade física de lazer por meio de um inquérito de saúde pública da Suécia em cerca de 30 mil participantes.. 140

Referências Bibliográficas 143
    Bibliografia 151

Apresentação

Nesta obra, realizada em parceria com o excelente Prof. Marcos, vamos inovar na área, explicando as regras legais acerca de segurança do trabalho, assim como os exercícios que devem ser feitos pelos empregados, a fim de evitar problemas futuros.

A ideia dessa obra surgiu em virtude da necessidade URGENTE de se evitar acidentes de trabalho.

Essa obra pode ser utilizada em cursos de Direito, RH, Fisioterapia, assim como, na prática, por empresas e contabilidades.

Traçamos os aspectos práticos e teóricos do assunto, podendo ser utilizado como base para a graduação e a pós-graduação.

Desta forma, ficamos felizes com a sua escolha, mas já pedimos: USE ESSE LIVRO NA PRÁTICA! EVITARÁ MUITOS DANOS AOS EMPREGADOS E EMPRESAS!

Primavera de 2018.

Prof. Gleibe Pretti

1

Segurança do Trabalho

1.1. Conceito

A segurança e medicina do trabalho é um ramo do Direito do Trabalho responsável em oferecer condições favoráveis de proteção à saúde do trabalhador em seu local de trabalho, bem como da sua recuperação quando não se encontrar em condições de prestar serviços ao empregador. A Segurança e Medicina do Trabalho compreende um conjunto de medidas preventivas adotadas no ambiente de trabalho, visando minimizar acidentes, doenças ocupacionais, bem como proteger a integridade e a capacidade de trabalho do empregado.

A Segurança do Trabalho é definida por normas e leis. No Brasil, a Legislação de Segurança do Trabalho compõe-se de Normas Regulamentadoras, Normas Regulamentadoras Rurais, Leis Complementares como Portarias e Decretos e, também, as Convenções Internacionais da Organização Internacional do Trabalho (OIT), ratificadas pelo Brasil.

No âmbito do Direito do Trabalho, a Constituição Federal prevê a redução de riscos trabalhistas, por meio de normas de saúde, higiene e segurança, bem como do pagamento de remuneração, adicional inerente às atividades penosas, insalubres ou perigosas, na forma da Lei (art. 7º, XXII e XXIII, da CF).

A Portaria n. 3.214/78 do Ministério do Trabalho aprovou as normas que regulamentam as tratativas quanto à segurança e medicina do trabalho, que ao longo do tempo sofreram alterações de toda ordem, mantendo hoje o número de 33, e mais 5 Normas Regulamentadoras (NR) para o trabalhador rural.

As mais importantes são:

- NR-2 – Inspeção Prévia;
- NR-5 – Comissão Interna de Prevenção de Acidentes;
- NR-6 – Equipamentos de Proteção Individual – EPI;
- NR-7 – Programas de Controle Médico de Saúde Ocupacional;
- NR-9 – Programas de Prevenção de Riscos Ambientais;
- NR-15 – Atividades e Operações Insalubres;
- NR-16 – Atividades e Operações Perigosas.

Essas normas regulamentadoras são de observância obrigatória pelas empresas públicas e privadas, órgãos da administração direta e indireta e dos Poderes Legislativo e Judiciário que possuam empregados regidos pela Consolidação das Leis do Trabalho (arts. 154 a 201 da CLT). Assim as empresas têm por obrigação de fazer cumprir o disposto no art. 157 da CLT:

- Ater-se ao cumprimento e fazer cumprir as referidas normas de segurança e medicina do trabalho;

- Instruir os empregados, por meio de ordens de serviço, quanto às precauções a tomar no sentido de evitar acidentes do trabalho ou doenças ocupacionais;

- Adotar as medidas que lhe sejam determinadas pelo órgão regional competente;

- Facilitar o exercício da fiscalização pela autoridade competente.

As empresas, por sua vez, também podem criar outras normas de proteção que colaborem com as existentes, as quais devem ser rigorosamente cumpridas por seus empregados, sendo que a recusa ao descumprimento dessas normas pelo empregado constitui ato faltoso, podendo incorrer em justa causa (art. 158, parágrafo único, da CLT).

1.2. Inspeção prévia do estabelecimento, interdição e embargo

A NR-2 trata da inspeção prévia de estabelecimentos novos, instituindo que, antes de iniciar suas atividades, deverá solicitar aprovação de suas instalações ao órgão regional do Ministério do Trabalho, através das Delegacias Regionais do Trabalho — DRTs, que após realizar a inspeção prévia, emitirá o certificado de aprovação das instalações. A exigência vale tanto para a indústria como o comércio.

Quando não for possível a inspeção prévia antes de o estabelecimento iniciar suas atividades, a empresa poderá encaminhar ao órgão regional do Ministério do Trabalho uma declaração das instalações do estabelecimento novo, conforme modelo estabelecido nesta NR-2, que poderá ser aceita pelo referido órgão para fins de fiscalização. A empresa também fica obrigada a comunicar e solicitar a aprovação, quando ocorrer modificações substanciais nas instalações ou nos equipamentos do seu estabelecimento.

A inspeção prévia e a declaração de instalações constituem os elementos que asseguram que o estabelecimento esteja dentro das normas que regem os riscos de acidentes e doenças do trabalho, antes de iniciar suas atividades. Caso contrário, a empresa fica sujeita ao impedimento de seu funcionamento, conforme estabelece o art. 160 da CLT, até que a exigência desse artigo seja cumprida.

Cabe ao Ministério do Trabalho, através da Secretaria de Segurança e Medicina do Trabalho (SSMT), regulamentar as normas de segurança e medicina do trabalho, cuja fiscalização é de competência das DRTs, as quais são responsáveis pela aplicação de multas (art. 201 e parágrafo único, da CLT), interdição do estabelecimento, setor, máquina ou equipamento, ou ainda, embargar obra quando demonstrarem grave e iminente risco para o trabalhador (art. 161).

1.3. Acidente do trabalho

Acidente do trabalho é toda lesão corporal ou perturbação funcional que ocorre com o empregado, no exercício de suas atividades a serviço da empresa, causando a morte, a perda ou redução, temporária ou permanente, da capacidade para o trabalho (Lei n. 8.213/91, art. 19). A mesma lei, em seu art. 21, equipara-se também ao acidente do trabalho, o seguinte:

"I – O acidente ligado ao trabalho que, embora não tenha sido a causa única, haja contribuído diretamente para a morte do empregado, para a redução ou perda da sua capacidade para o trabalho, ou produzido lesão que exija atenção médica para a sua recuperação;

II – O acidente sofrido pelo empregado no local e horário do trabalho, em consequência de ato de agressão, sabotagem, ou terrorismo, praticado por terceiro ou companheiro de trabalho; ofensa física intencional, inclusive de terceiro, por motivo de disputa relacionada ao trabalho; ato de imprudência, de negligência ou de imperícia de terceiro ou de companheiro de trabalho; ato de pessoa privada do uso da razão; desabamento, inundação, incêndio ou outros casos fortuitos ou decorrentes de força maior;

III – O acidente sofrido pelo empregado ainda que fora do local e horário de trabalho:

a) Na execução de ordem ou na realização de serviço sob a autoridade da empresa;

b) Na prestação espontânea de qualquer serviço à empresa para lhe evitar prejuízo ou proporcionar proveito;

c) Em viagens a serviço da empresa, inclusive para estudo quando financiada por esta dentro de seus planos para melhor capacitação da mão de obra, independentemente do meio de locomoção utilizado, inclusive veículo de propriedade do empregado;

d) No percurso da residência para o local de trabalho ou deste para aquela, qualquer que seja o meio de locomoção, inclusive em veículo de propriedade do empregado."

Também é considerado no exercício do trabalho, os períodos que compreendem as refeições e o descanso, ou por necessidades fisiológicas, em local de serviço ou durante este.

O empregado que sofreu acidente do trabalho tem garantida, pelo prazo de 12 meses, a manutenção do seu contrato de trabalho na empresa, após a cessação do auxílio-doença acidentário, independentemente da percepção de auxílio-acidente (Lei n. 8.213/91, art. 118). Entretanto, o mesmo instituto não se aplica aos empregados domésticos, nem fazem jus ao benefício previdenciário do auxílio-doença acidentário (art. 1º, § 2º, da Lei n. 6.367/76, revogada parcialmente).

O acidente do trabalho é assim caracterizado:

- Acidente Típico: decorrente da característica da atividade profissional que o funcionário exerce.

- Acidente de Trajeto: ocorre no trajeto entre a residência do trabalhador e o local de trabalho, e vice-versa.

- Doença Profissional ou do Trabalho: doença produzida ou desencadeada pelo exercício de determinada função, característica de um empregado específico.

Para que seja caracterizado "acidente do trabalho", é essencial que um perito estabeleça uma relação entre o acidente e a lesão provocada. Nessa situação, o médico perito decidirá se o trabalhador pode voltar ao exercício da sua função ou se necessitará de afastamento permanente ou temporário do emprego.

A empresa contratante, por sua vez, tem por obrigação comunicar a Previdência Social, por meio da "Comunicação de Acidentes de Trabalho — CAT", até o primeiro dia útil após o acontecimento, independentemente se o trabalhador foi ou não afastado do trabalho. Em caso de morte, essa comunicação deve ser imediata. A falta do cumprimento dessas determinações implica em punição da empresa, mediante o pagamento de multa.

A CAT pode ser preenchida pela empresa ou pelo próprio trabalhador, seus dependentes, entidade sindical, médico ou autoridade (magistrados, membros do Ministério Público e dos serviços Jurídicos da União, dos Estados e do Distrito Federal e comandantes de unidades do Exército, da Marinha, da Aeronáutica, do Corpo de Bombeiros e da Polícia Militar) e o formulário preenchido tem que ser entregue em uma agência da Previdência Social, sendo: 1ª via INSS; 2ª via empresa; 3ª via segurado ou dependente; 4ª via sindicato da classe do trabalhador acidentado; 5ª via Sistema Único de Saúde; 6ª via Delegacia Regional do Trabalho.

1.4. Equipamento de Proteção Individual (EPI)

No que concerne à prevenção de acidentes no trabalho, o funcionário deve receber Equipamento de Proteção Individual (EPI), fornecido gratuitamente pela empresa, necessário à sua proteção e adequados ao risco da atividade desempenhada pelo empregado, em perfeitas condições de uso e devidamente aprovado pelo MT (art. 167 da CLT), sempre que as medidas gerais de segurança e medicina do trabalho não forem suficientes para fornecer total proteção contra acidentes e doenças profissionais ao trabalhador (art. 166 da CLT). Cabe à empresa substituir referido equipamento sempre que for necessário, sem nenhum custo para o empregado.

É responsabilidade do empregador determinar e fiscalizar o uso efetivo do EPI pelos empregados que estão sujeitos às condições nocivas (Súmula n. 289 do TST), sob pena de, recusado o equipamento pelo empregado, incorrer em dispensa por justa causa. A lista completa de EPIs e as atividades onde se faz obrigatória sua utilização encontram-se expressas na NR-6.

Imperativo lembrar que, constitui ato faltoso do empregado que recusar o uso injustificado do Equipamento de Proteção Individual fornecido pela empresa ou à inobservância das instruções expedidas pelo empregador (art. 158, parágrafo único, II da CLT).

Em relação à eliminação da insalubridade pelo fornecimento do Equipamento de Proteção Individual, é importante observar que há dois posicionamentos: o primeiro é o que preceitua a Súmula n. 80 do TST, que se fornecido aparelhos protetores aprovados pelo órgão competente do Poder Executivo, exclui a percepção do respectivo adicional. Enquanto que o segundo posicionamento se dá por meio da Súmula n. 289 do TST, onde alude que o simples fornecimento de aparelho de proteção não exime o empregador do adicional de insalubridade.

Jurisprudência:

> ADICIONAL DE INSALUBRIDADE. USO DOS EPI'S. OBRIGATORIEDADE. A segurança e medicina do trabalho devem ser objeto de mútua preocupação entre empregado e empregador, como determina a lei. O empregador que não cumpre as medidas de segurança está sujeito à interdição do estabelecimento (art. 161 da CLT) e dá causa à rescisão indireta do contrato, além de sofrer pesadas multas administrativas (art. 201 da CLT). Já para o empregado, será motivo para dispensa (art. 158, parágrafo único, "b", da CLT). É justamente o descumprimento obrigacional que faz incidir a sanção (ato faltoso e dispensa). A obrigação de usar o EPI é do trabalhador, não do empresário. Quem descumpre a obrigação é que deve responder pelas consequências jurídicas do seu ato. (TRT – 2ª Região – 6ª Turma – RO 22350-2002-90202002 – Rel. Rafael E. Pugliese Ribeiro – Data: 20.9.2002)

> ADICIONAL DE INSALUBRIDADE. AGENTES QUÍMICOS. FORNECIMENTO DE EQUIPAMENTOS DE PROTEÇÃO INDIVIDUAL. INSUFICIÊNCIA. Demonstrados o contato permanente e habitual com agentes químicos presentes na NR-15, Anexo XIII, da Portaria n. 3.214/78, e o fornecimento de EPI's. Contudo, equipamentos estes inaptos a elidir a nocividade e a contaminação. A atenuação da nocividade, por si só, não acarreta a sua cessação, com o que o empregador não se exime do pagamento do adicional. Recurso a que se nega provimento. (TRT – 2ª Região – 9ª Turma – Acórdão 20070795309 – Juiz Davi Furtado Meirelles – Publicado no DOE/SP em 5.10.2007)

> LAUDO PERICIAL DESCONSIDERADO. INSALUBRIDADE NEUTRALIZADA. FORNECIMENTO DE EPIs ADEQUADOS. O empregado confessou que recebia todos os EPIs adequados à neutralização da insalubridade detectada pelo laudo pericial, os quais eram substituídos quando estivessem velhos. A confissão se sobrepõe às conclusões do *expert*, afastando o direito à percepção do adicional de insalubridade. (TRT – 2ª Região – 4ª Turma – Acórdão 20080105151 – Juiz Carlos Roberto Husek – Publicado no DOE/SP em 29.2.2008)

1.5. Equipamento de Proteção Coletivo (EPC)

Como o próprio nome já diz, são equipamentos utilizados para a proteção coletiva de trabalhadores expostos a risco. Os empregadores devem instalar o EPC, com essa finalidade, tais como, extintores de incêndio, escadas de emergência, hidrantes, enclausuramento acústico de fontes de ruído, ventilação dos locais de trabalho, proteção de partes móveis de máquinas e equipamentos (NR-11), cabine de segurança biológica, capelas químicas e cabine para manipulação de radioisótopos.

A inobservância dos arts. 170 a 188 da CLT acarretará na interdição do estabelecimento, por ato de autoridade fiscalizadora.

1.6. CIPA — Comissão Interna de Prevenção de Acidentes

Regida pela Lei n. 6.514/77 e regulamentada pela NR-5 do Ministério do Trabalho, a CIPA foi aprovada pela Portaria n. 3.214/76, publicada no DOU de 29.12.1994 e modificada em 15.2.1995. O objetivo principal da CIPA é desenvolver ações que sejam capazes de prevenir acidentes de trabalho.

As empresas privadas e públicas e os órgãos governamentais que possuam empregados regidos pela CLT ficam obrigados a organizar e manter em funcionamento, por estabelecimento, uma Comissão Interna de Prevenção de Acidentes, de acordo com o teor estabelecido no art. 163 da CLT e de conformidade com instruções expedidas pelo Ministério do Trabalho. Devem constituir a CIPA e manter em regular funcionamento as empresas, independentemente de sua natureza, que admitam, no mínimo, 20 empregados por estabelecimento, enquanto no comércio varejista é a partir de 50 funcionários.

A CIPA deve ser composta por representantes do empregador e dos empregados, de acordo com as proporções mínimas estabelecidas no Quadro I da NR-5 ou com aquelas estipuladas em outras NRs, e tem como missão a preservação da saúde e da integridade física dos trabalhadores e de todos aqueles que interagem com a empresa.

O mandato dos cipeiros é de 1 ano, permitida uma reeleição (art. 164, §§ 2º e 3º da CLT), os quais, incluso os suplentes, têm estabilidade no emprego, desde o registro de sua candidatura até 1 ano após o término do mandato, inclusive os membros suplentes da representação dos trabalhadores (art. 10, II, "a", ADCT da CF).

Destarte, as faltas disciplinares são as justas causas do art. 482 da CLT, porquanto a lei não tem definição legal para motivo técnico, econômico ou financeiro.

Os membros representantes dos empregadores, titulares e suplentes, serão por eles designados, conforme preceitua o art. 164, § 1º, da CLT. O empregador designará entre eles, o Presidente da CIPA, e os empregados elegerão, dentre eles, o Vice-Presidente (art. 164, § 5º, da CLT).

Organizada a CIPA, a mesma deverá ser registrada no órgão regional do Ministério do Trabalho, até 10 dias após a eleição.

1.7. CIPATR — Comissão Interna de Prevenção de Acidentes do Trabalho Rural

A CIPATR foi regulamentada pela NR-3 e aprovada pela Portaria n. 3.067/88, obrigatória para o empregador que tenha mantido uma média de 20 trabalhadores rurais no ano civil anterior. Nos estabelecimentos em instalação, o cálculo será realizado com base no número de trabalhadores previsto no ano. O cálculo da média dos trabalhadores é realizado pelo órgão regional do Ministério do Trabalho com a colaboração das entidades de classe.

O mandato dos cipeiros rurais é de 2 anos, permitindo uma reeleição, os quais seguem na mesma esteira de estabilidade constitucional moldada para os membros das CIPAs urbanas.

Uma vez organizada a CIPATR, a mesma deverá ser registrada no órgão regional do Ministério do Trabalho, mediante requerimento ao Delegado Regional do Trabalho, acompanhado de cópias das atas da eleição e da instalação e posse, contendo o calendário anual das reuniões ordinárias, constando hora, dia, mês e local da realização.

1.8. Prevenção de riscos ambientais

Os riscos ambientais são os agentes físicos, químicos e biológicos existentes nos ambientes de trabalho que, em função de sua natureza, concentração ou intensidade e tempo de exposição, são capazes de causar danos à saúde dos trabalhadores.

A prevenção de riscos ambientais tem como objetivo manter a saúde e a integridade dos trabalhadores, mediante antecipação da ocorrência de riscos ambientais existentes ou que venham a existir no ambiente de trabalho, levando em consideração a proteção do meio ambiente e dos recursos naturais.

O PPRA ou Programa de Prevenção de Riscos Ambientais foi estabelecido pela NR-9 e tem por objetivo definir uma metodologia de ação que garanta a preservação da saúde e integridade dos trabalhadores face aos riscos existentes nos ambientes de trabalho. O objetivo primordial e final é evitar acidentes que possam vir a causar danos à saúde do trabalhador.

Alguns fatores que podem causar riscos ambientais são:

a) Agentes físicos: ruído, vibrações, pressões anormais, temperaturas extremas, radiações etc.;

b) Agentes químicos: poeiras, fumos, névoas, neblinas, gases, vapores que podem ser absorvidos por via respiratória ou através da pele etc.;

c) Agentes biológicos: bactérias, fungos, bacilos, parasitas, protozoários, vírus, entre outros.

Corroborando com os objetivos finais da PPRA, objetivos intermediários ajudam a assegurar a consecução desta meta:

- Criar mentalidade preventiva em trabalhadores e empresários;
- Reduzir ou eliminar improvisações e a criatividade do "jeitinho";
- Promover a conscientização em relação a riscos e agentes existentes no ambiente do trabalho;
- Desenvolver uma metodologia de abordagem e análise das diferentes situações (presentes e futuras) do ambiente do trabalho;
- Treinar e educar trabalhadores para a utilização da metodologia.

A elaboração, implementação, acompanhamento e avaliação do PPRA, bem como a caracterização das atividades classificadas como insalubres ou perigosas, poderão ser feitas pelo SESMT — Serviço Especializado em Engenharia de Segurança e em Medicina do Trabalho, ou por médico ou engenheiro do trabalho credenciado pelo Ministério do Trabalho e Emprego.

O § 1º, do art. 195, da CLT, esclarece que é facultado às empresas e aos sindicatos das categorias profissionais interessadas requererem ao MTE a realização de perícia em estabelecimento ou setor deste, com o objetivo de caracterizar e classificar ou delimitar as atividades insalubres ou perigosas.

1.8.1. Insalubridade

Veja também os capítulos 4.3.18.7 – Trabalho insalubre e perigoso e 5.6.2.3 – Adicional de Insalubridade.

A insalubridade e a periculosidade têm como base legal a CLT, em seu título II, capítulo V, seção XIII, e a Lei n. 6.514/77, que alterou a CLT no tocante à Segurança e Medicina do Trabalho. Ambas foram regulamentadas pela Portaria n. 3.214, por meio de Normas Regulamentadoras.

Todo trabalho que, de alguma maneira, abala a integridade física do trabalhador, podendo ocasionar doenças, é chamado de trabalho insalubre. O art. 189 da CLT aduz que "Serão consideradas atividades ou operações insalubres aquelas que, por sua natureza, condições ou métodos de trabalho, exponham os empregados a agentes nocivos à saúde, acima dos limites de tolerância fixados em razão da natureza e da intensidade do agente e do tempo de exposição aos seus efeitos."

O Ministério do Trabalho é que aprovará o quadro das atividades e operações insalubres, estabelecendo limites de tolerância aos agentes agressivos, meios de proteção e o tempo máximo de exposição do empregado a esses agentes (art. 190, da CLT). É fato, portanto, que juridicamente a insalubridade só existe se constar da relação baixada pelo MT (Súmulas ns. 194 e 460 do STF e Orientação Jurisprudencial n. 4 da SDI-I do TST).

A minimização da insalubridade ocorre com inclusão de medidas de proteção do trabalhador nas operações que produzem aerodispersóides tóxicos, irritantes, alergênicos ou incômodos, mediante adoção de medidas que conservem o ambiente de trabalho dentro dos limites de tolerância ao pleno desenvolvimento das atividades laborais, com a utilização de EPI que diminua a intensidade do agente agressivo a limites de tolerância (art. 191 da CLT e Súmula n. 80 do TST).

Nos casos caracterizados insalubres, é devido ao empregado, segundo sua classificação, em grau máximo 40%, médio 20% e grau mínimo 10%, calculado sobre o salário mínimo. Entretanto, o art. 7º, IV da Carta Magna de 1988 proibiu vincular o salário mínimo para qualquer finalidade, o que gerou dúvidas na doutrina e na jurisprudência a respeito do referencial de salário que deveria ser utilizado como base de cálculo para a insalubridade.

Essa questão, todavia, foi resolvida com a jurisprudência dominante do TST, atribuindo o salário mínimo como base de cálculo para o adicional de insalubridade, mesmo na vigência da Constituição Federal (previsto no art. 76 da CLT), salvo quando o empregado perceber salário profissional determinado por força de lei, convenção coletiva ou sentença normativa, o qual será utilizado então como base de cálculo (Súmulas ns. 17 e 228 do TST e Orientação Jurisprudencial n. 2 da SDI-I do TST).

Jurisprudência:

> ADICIONAL DE INSALUBRIDADE. AGENTES QUÍMICOS. Constatado pela perícia que a neutralização da insalubridade advinda dos agentes químicos, hidrocarbonetos aromáticos, só ocorreria mediante a utilização de máscara com filtro para vapores orgânicos, vestimenta impermeável, óculos de proteção e luvas impermeáveis e, não comprovado o fornecimento da vestimenta impermeável, correta a condenação ao pagamento do adicional de insalubridade. (TRT – 3ª Região – 2ª Turma – RO – 01079-2008-138-03-00-6 – Rel. Luiz Ronan Neves Koury – Data: 15.7.2009)

ADICIONAL DE INSALUBRIDADE. BASE DE CÁLCULO. SALÁRIO MÍNIMO. Nos termos do art. 192 da CLT a base de cálculo do adicional de insalubridade é o salário mínimo, não configurando violação aos incisos IV e XXIII do art. 7º da Carta Magna sua utilização para o cálculo do adicional em questão. (Súmulas ns. 228 e 333, e OJ n. 2 da SBDI-1 do C. TST e Súmula n. 307 do STF). (TRT – 2ª Região – RO em rito sumaríssimo – Relª. Sonia Maria Prince Franzini – Acórdão n.: 20060216527 – Processo n.: 01011-2005-072-02-00-2 – 12ª Turma – Data de publicação: 18.4.2006)

1.8.1.1. Jurisprudência correlata

O que tem resolvido grande parte das demais controvérsias relativas ao adicional de insalubridade são as Súmulas e Orientações Jurisprudenciais do Tribunal Superior do Trabalho.

De acordo com a Súmula n. 139 do TST, enquanto percebido o adicional de insalubridade, este integra a remuneração para todos os efeitos legais, o que deixa claro, portanto, que sua natureza é salarial e não indenizatória.

A Súmula Vinculante n. 4 aduz que, salvo nos casos previstos na Constituição, o salário mínimo não pode ser usado como indexador de base de cálculo de vantagem de servidor público ou de empregado, nem ser substituído por decisão judicial. A partir de 9 de maio de 2008, data da publicação da Súmula Vinculante n. 4 do Supremo Tribunal Federal, assevera que o adicional de insalubridade será calculado sobre o salário básico, salvo critério mais vantajoso fixado em instrumento coletivo (Súmula n. 228 do TST). Ocorre que a Súmula n. 4 do STF está suspensa, portanto, vigora como base de cálculo do adicional de insalubridade o salário mínimo.

Aduz ainda os seguintes institutos sobre a jurisprudência correlata:

- Súmula n. 248 do TST – A reclassificação ou descaracterização da insalubridade por ato da autoridade competente, repercute na satisfação do respectivo adicional, sem ofensa a direito adquirido ou ao princípio da irredutibilidade salarial.

- OJ n. 103, SBDI-1 do TST – O adicional de insalubridade já remunera os dias de repouso semanal e feriados.

- Súmula n. 47 do TST – O trabalho executado em condições insalubres, em caráter intermitente, não afasta, só por essa circunstância, o direito à percepção do respectivo adicional.

- Súmula n. 80 do TST – A eliminação da insalubridade mediante fornecimento de aparelhos protetores aprovados pelo órgão competente do Poder Executivo exclui a percepção do respectivo adicional.

- Súmula n. 289 do TST – O simples fornecimento do aparelho de proteção pelo empregador não o exime do pagamento do adicional de insalubridade. Cabe-lhe tomar as medidas que conduzam à diminuição ou eliminação da nocividade, entre os quais as relativas ao uso efetivo do equipamento pelo empregado.

- OJ n. 4, II, SDI-I, do TST – A limpeza em residências e escritórios e a respectiva coleta de lixo não podem ser consideradas atividades insalubres, ainda que constatadas por laudo pericial, porque não se encontram dentre as classificadas como lixo urbano na Portaria do Ministério do Trabalho.

- OJ n. 173 – SBDI-1 do TST – Em face da ausência de previsão legal, indevido o adicional de insalubridade ao trabalhador em atividade a céu aberto.

1.8.2. Periculosidade

Veja também o capítulo 5.6.2.4 – Adicional de periculosidade.

Periculosidade são as atividades ou operações perigosas, na forma da regulamentação aprovada pelo Ministério do Trabalho, que, por sua natureza ou métodos de trabalho, impliquem o contato permanente com inflamáveis ou explosivos em condições de risco acentuado, que podem atingir a integridade física do trabalhador de maneira abrupta (art. 193 da CLT). Além disso, seguem na mesma esteira, o trabalho desenvolvido pelo setor de energia elétrica (Lei n. 7369/85) e os desenvolvidos com radiações ionizantes ou substâncias radioativas (Portaria n. 3.393/83).

O trabalho em condições de periculosidade assegura ao empregado um adicional de 30% sobre o salário sem os acréscimos resultantes de gratificações, prêmios ou participações nos lucros da empresa (§ 1º, do art. 193, da CLT). Exemplo: frentista de posto de combustível, operador em distribuidora de gás, trabalhos em fábricas de fogos de artifício etc.

Aduz a Súmula n. 364, I do TST e a Súmula n. 361 do TST, que mediante a exposição permanente ou intermitente do empregado às condições de risco, o empregado terá direito ao adicional integral devido.

Jurisprudência:

> ADICIONAL DE PERICULOSIDADE. Cabistas. Empresas telefônicas. Adicional de periculosidade. A Lei n. 7.369/85 não está atrelada à atividade do empregador, mas sim à atividade exercida pelo empregado. *Ubi eadem ratio, idem ius.* (TRT – 1ª Região – 2ª Turma – RO 01953-1999-064-01-00 – Rel. Des. Paulo Roberto Capanema da Fonseca – Data: 23.5.2006)

> ADICIONAL DE PERICULOSIDADE. PROVA PERICIAL. ADICIONAL DE PERICULOSIDADE. PROVA TÉCNICA. Valoração. Para caracterização da atividade em condições perigosas é necessária a produção de prova técnica. Contudo, o juízo não está adstrito à conclusão do *expert*, podendo formar seu convencimento com base em outros elementos dos autos que apontem que o trabalho era efetivamente desempenhado em condições de risco acentuado. Assim, se um empregado trabalha em local que de acordo com manual de treinamento da empresa é considerado como área de alto risco devido às altíssimas correntes elétricas que atuam no ambiente caracteriza-se a atividade de risco. O perigo, ainda que remoto, existe de ocorrer no momento, tanto no manuseio de uma ferramenta quando o empregado pode se transformar em um caminho para a corrente elétrica fluir para a terra, quanto por um acidente decorrente do rompimento do isolamento, o que pode lhe acarretar morte imediata devido à intensidade da energia. Assim, considerando que o risco não tem hora para ocorrer nem pode ser totalmente eliminado, a despeito de toda a estrutura e conhecimento técnico dos profissionais que realizam essa operação, a simples exposição do empregado implica o pagamento do adicional respectivo. (TRT – 1ª Região – 6ª Turma – RO 01363-2003-036-01-00 – Rel. Des. José Antônio Teixeira da Silva – Data: 11.7.2006)

1.8.2.1. Jurisprudência correlata

Na mesma esteira da insalubridade, as súmulas e orientações jurisprudenciais do Tribunal Superior do Trabalho resolveram grande parte das controvérsias a respeito do adicional de periculosidade: "Os empregados que operam em bomba de gasolina têm direito ao adicional de periculosidade (Súmula n. 39 do TST).

Assim assevera a OJ n. 324 do TST: "É assegurado o adicional de periculosidade apenas aos empregados que trabalham em sistema elétrico de potência em condições de risco, ou que façam com equipamentos e instalações elétricas similares, que ofereçam risco equivalente, ainda que em unidade consumidora de energia elétrica".

1.8.3. Perícia técnica

Somente por meio de perícia técnica, determinada pelo Ministério do Trabalho, a cargo de Engenheiro do Trabalho ou Médico do Trabalho, devidamente registrados no MT (art. 195 da CLT) é que se determinará a caracterização e a classificação da insalubridade e da periculosidade.

O perito é nomeado pelo Juiz, ao qual é determinado fazer os exames periciais sobre as atividades desempenhadas em local insalubre ou perigoso, sendo que as partes podem indicar um assistente técnico, que deverá entregar o laudo no mesmo prazo fixado ao perito (Lei n. 5.584/70, art. 3º, que revogou tacitamente o art. 826 da CLT). O pagamento de honorários periciais é da parte sucumbente no objeto da perícia, salvo quando beneficiada da justiça gratuita (art. 790-B da CLT).

O empregado, no momento da propositura de eventual reclamação trabalhista, poderá pleitear tanto o adicional de insalubridade quanto o adicional de periculosidade, contudo, por meio do laudo pericial, receberá apenas um desses adicionais.

Jurisprudência:

> ADICIONAL DE INSALUBRIDADE E/OU PERICULOSIDADE. OPÇÃO/TRÂNSITO EM JULGADO. É bastante plausível admitir-se que o empregado quando vai requerer em Juízo, não tenha ainda certeza de que seu trabalho é perigoso e/ou insalubre, por isto mesmo não há vedação legal para que se postule pelo pagamento de ambos os adicionais. A constatação pericial da existência de trabalho perigoso e insalubre em concomitância, em face da proibição da cumulatividade, obriga o empregado a fazer a opção por um desses adicionais após o trânsito em julgado da decisão, pois nesta fase processual é que se materializa efetivamente o direito do trabalhador. (TRT – 2ª Região – 6ª Turma – Acórdão 20080072385 – Juiz relator Valdir Florindo – Publicado no DOE/SP em 22.2.2008)

> ADICIONAL DE INSALUBRIDADE. PROVA PERICIAL. Adicional de insalubridade. Desativação do local objeto da perícia. Tendo sido o local de trabalho, objeto da perícia, desativado, ou não mais se prestando para ser inspecionado, pode o perito valer-se de todos os meios de direito permitidos para concluir pela existência ou não da insalubridade, tais como, informações constantes de documentos da própria reclamada, como foi no caso dos autos. E para a convicção do juízo em relação à insalubridade, pode o julgador apoiar-se em laudo pericial, ou outros elementos probatórios que lhe parecerem de maior peso, uma vez que não está adstrito a nenhum laudo, obrigatoriamente. (TRT – 1ª Região – 4ª Turma – RO 01592-1993-038-0100. Relª. Desª. Dóris Castro Neves. Data: 4.7.2006)

BASE LEGAL E COMPARATIVO DO ANTIGO E NOVO CPC SOBRE PERÍCIA

Seção X — Da Prova Pericial

CPC 2015	CPC 1973
Art. 464. A prova pericial consiste em exame, vistoria ou avaliação. § 1º O juiz indeferirá a perícia quando: I – a prova do fato não depender de conhecimento especial de técnico; II – for desnecessária em vista de outras provas produzidas; III – a verificação for impraticável. § 2º De ofício ou a requerimento das partes, o juiz poderá, em substituição à perícia, determinar a produção de prova técnica simplificada, quando o ponto controvertido for de menor complexidade. § 3º A prova técnica simplificada consistirá apenas na inquirição de especialista, pelo juiz, sobre ponto controvertido da causa que demande especial conhecimento científico ou técnico. § 4º Durante a arguição, o especialista, que deverá ter formação acadêmica específica na área objeto de seu depoimento, poderá valer-se de qualquer recurso tecnológico de transmissão de sons e imagens com o fim de esclarecer os pontos controvertidos da causa.	Art. 420. A prova pericial consiste em exame, vistoria ou avaliação. Parágrafo único. O juiz indeferirá a perícia quando: I – a prova do fato não depender do conhecimento especial de técnico; II – for desnecessária em vista de outras provas produzidas; III – a verificação for impraticável. Art. 421. (...) § 2º Quando a natureza do fato o permitir, a perícia poderá consistir apenas na inquirição pelo juiz do perito e dos assistentes, por ocasião da audiência de instrução e julgamento a respeito das coisas que houverem informalmente examinado ou avaliado.

— *"Novidades residem nos parágrafos ao permitir a substituição da prova pericial por 'prova técnica simplificada' quando o ponto controvertido for de menos complexidade (§ 2º). Esta prova, define-a o § 3º, consiste na inquirição pelo juiz de especialista sobre ponto controvertido da causa que demande especial conhecimento científico ou técnico, cuja produção observará uma das variáveis do § 4º. Estas regras querem substituir o art. 421, § 2º, do CPC de 1973, que se conforma com a oitiva do perito e dos assistentes técnicos na audiência de instrução e julgamento."* (BUENO, Cassio Scarpinella. *Novo Código de Processo Civil anotado*. São Paulo: Saraiva, 2015. p. 312).

CPC 2015	CPC 1973
Art. 465. O juiz nomeará perito especializado no objeto da perícia e fixará de imediato o prazo para a entrega do laudo. § 1º Incumbe às partes, dentro de 15 (quinze) dias contados da intimação do despacho de nomeação do perito: I – arguir o impedimento ou a suspeição do perito, se for o caso; II – indicar assistente técnico; III – apresentar quesitos. § 2º Ciente da nomeação, o perito apresentará em 5 (cinco) dias: I – proposta de honorários; II – currículo, com comprovação de especialização; III – contatos profissionais, em especial o endereço eletrônico, para onde serão dirigidas as intimações pessoais.	Art. 421. O juiz nomeará o perito, fixando de imediato o prazo para a entrega do laudo. § 1º Incumbe às partes, dentro em 5 (cinco) dias, contados da intimação do despacho de nomeação do perito: I – indicar o assistente técnico; II – apresentar quesitos. (...) Art. 145. (...) § 2º Os peritos comprovarão sua especialidade na matéria sobre que deverão opinar, mediante certidão do órgão profissional em que estiverem inscritos. Art. 33. (...) Parágrafo único. O juiz poderá determinar que a parte responsável pelo pagamento dos honorários do perito deposite em juízo o valor correspondente

§ 3º As partes serão intimadas da proposta de honorários para, querendo, manifestar-se no prazo comum de 5 (cinco) dias, após o que o juiz arbitrará o valor, intimando-se as partes para os fins do art. 95. § 4º O juiz poderá autorizar o pagamento de até cinquenta por cento dos honorários arbitrados a favor do perito no início dos trabalhos, devendo o remanescente ser pago apenas ao final, depois de entregue o laudo e prestados todos os esclarecimentos necessários. § 5º Quando a perícia for inconclusiva ou deficiente, o juiz poderá reduzir a remuneração inicialmente arbitrada para o trabalho. § 6º Quando tiver de realizar-se por carta, poder-se-á proceder à nomeação de perito e à indicação de assistentes técnicos no juízo ao qual se requisitar a perícia.	correspondente a essa remuneração. O numerário, recolhido em depósito bancário à ordem do juízo e com correção monetária, será entregue ao perito após a apresentação do laudo, facultada a sua liberação parcial, quando necessária. Art. 428. Quando a prova tiver de realizar-se por carta, poderá proceder-se à nomeação de perito e indicação de assistentes técnicos no juízo, ao qual se requisitar a perícia.

— "O § 1º, ampliando o prazo para quinze dias, permite às partes que arguam, se for o caso, a suspeição ou impedimento do perito (arts. 156, § 4º, e 467), indiquem assistentes técnicos e formulem quesitos. (…) Por fim, o § 6º autoriza, a exemplo do art. 428 do CPC de 1973, que, no caso de perícia por carta, a indicação do perito e dos assistentes técnicos seja feita perante o juízo deprecado." (BUENO, Cassio Scarpinella. *Novo Código de Processo Civil anotado*. São Paulo: Saraiva, 2015. p. 313)

CPC 2015	CPC 1973
Art. 466. O perito cumprirá escrupulosamente o encargo que lhe foi cometido, independentemente de termo de compromisso. § 1º Os assistentes técnicos são de confiança da parte e não estão sujeitos a impedimento ou suspeição. § 2º O perito deve assegurar aos assistentes das partes o acesso e o acompanhamento das diligências e dos exames que realizar, com prévia comunicação, comprovada nos autos, com antecedência mínima de 5 (cinco) dias.	Art. 422. O perito cumprirá escrupulosamente o encargo que lhe foi cometido, independentemente de termo de compromisso. Os assistentes técnicos são de confiança da parte, não sujeitos a impedimento ou suspeição.

— "O § 2º é novo e pertinente porque impõe ao perito que assegure, comprovadamente e com antecedência mínima de cinco dias, acesso de todos os documentos, informações e diligências aos assistentes técnicos." (BUENO, Cassio Scarpinella. *Novo Código de Processo Civil anotado*. São Paulo: Saraiva, 2015. p. 314)

CPC 2015	CPC 1973
Art. 467. O perito pode escusar-se ou ser recusado por impedimento ou suspeição. Parágrafo único. O juiz, ao aceitar a escusa ou ao julgar procedente a impugnação, nomeará novo perito.	Art. 423. O perito pode escusar-se (art. 146), ou ser recusado por impedimento ou suspeição (art. 138, III); ao aceitar a escusa ou julgar procedente a impugnação, o juiz nomeará novo perito.

— "A arguição da imparcialidade do perito pelas partes deve observar o prazo do art. 465, § 1º, I, cabendo, se for o caso, ao órgão técnico ou científico nomeado para realização da perícia informar ao juiz os nomes e os dados de qualificação dos profissionais que participarão da atividade (art. 156, § 4º)." (BUENO, Cassio Scarpinella. *Novo Código de Processo Civil anotado*. São Paulo: Saraiva, 2015. p. 314)

CPC 2015	CPC 1973
Art. 468. O perito pode ser substituído quando: I – faltar-lhe conhecimento técnico ou científico; II – sem motivo legítimo, deixar de cumprir o encargo no prazo que lhe foi assinado. § 1º No caso previsto no inciso II, o juiz comunicará a ocorrência à corporação profissional respectiva, podendo, ainda, impor multa ao perito, fixada tendo em vista o valor da causa e o possível prejuízo decorrente do atraso no processo. § 2º O perito substituído restituirá, no prazo de 15 (quinze) dias, os valores recebidos pelo trabalho não realizado, sob pena de ficar impedido de atuar como perito judicial pelo prazo de 5 (cinco) anos. § 3º Não ocorrendo a restituição voluntária de que trata o § 2º, a parte que tiver realizado o adiantamento dos honorários poderá promover execução contra o perito, na forma dos arts. 513 e seguintes deste Código, com fundamento na decisão que determinar a devolução do numerário.	Art. 424. O perito pode ser substituído quando: I – carecer de conhecimento técnico ou científico; II – sem motivo legítimo, deixar de cumprir o encargo no prazo que lhe foi assinado. Parágrafo único. No caso previsto no inciso II, o juiz comunicará a ocorrência à corporação profissional respectiva, podendo, ainda, impor multa ao perito, fixada tendo em vista o valor da causa e o possível prejuízo decorrente do atraso no processo.

— *"O novo CPC foi além, apresentando, nos §§ 2º e 3º, solução expressa para a hipótese de o perito substituído já ter recebido remuneração, admitindo-se, até mesmo, se for necessário chegar a tanto, a execução forçada, que seguirá o procedimento do cumprimento de sentença, já que se trata, em última análise, de título executivo judicial".* (BUENO, Cassio Scarpinella. *Novo Código de Processo Civil anotado.* São Paulo: Saraiva, 2015. p. 314-315)

CPC 2015	CPC 1973
Art. 469. As partes poderão apresentar quesitos suplementares durante a diligência, que poderão ser respondidos pelo perito previamente ou na audiência de instrução e julgamento. Parágrafo único. O escrivão dará à parte contrária ciência da juntada dos quesitos aos autos.	Art. 425. Poderão as partes apresentar, durante a diligência, quesitos suplementares. Da juntada dos quesitos aos autos dará o escrivão ciência à parte contrária.

— *"A novidade está na expressa possibilidade de o perito responder aos quesitos suplementares previamente ou na audiência de instrução e julgamento, consagrando, legislativamente, prática forense bastante difundida."* (BUENO, Cassio Scarpinella. *Novo Código de Processo Civil anotado.* São Paulo: Saraiva, 2015. p. 315)

CPC 2015	CPC 1973
Art. 470. Incumbe ao juiz: I – indeferir quesitos impertinentes; II – formular os quesitos que entender necessários ao esclarecimento da causa.	Art. 426. Compete ao juiz: I – indeferir quesitos impertinentes; II – formular os que entender necessários ao esclarecimento da causa.

CPC 2015	CPC 1973
Art. 471. As partes podem, de comum acordo, escolher o perito, indicando-o mediante requerimento, desde que: I – sejam plenamente capazes;	– Não possui correspondência com o CPC/1973.

II – a causa possa ser resolvida por autocomposição. § 1º As partes, ao escolher o perito, já devem indicar os respectivos assistentes técnicos para acompanhar a realização da perícia, que se realizará em data e local previamente anunciados. § 2º O perito e os assistentes técnicos devem entregar, respectivamente, laudo e pareceres em prazo fixado pelo juiz. § 3º A perícia consensual substitui, para todos os efeitos, a que seria realizada por perito nomeado pelo juiz.

— "O novo CPC inovou ao permitir que as partes, observadas as exigências feitas pelos incisos do caput do art. 471, escolham perito de comum acordo. Esta escolha — que o próprio novo CPC chama de 'perícia consensual' — substitui, para todos os fins, a prova pericial que seria realizada por perito nomeado pelo magistrado (§ 3º). Também cabe às partes, neste caso, indicar desde logo, concomitantemente à escolha do perito, seus assistentes técnicos, que acompanharão a perícia a ser realizda na data e no local previamente anunciados (§ 1º). O juiz fixará o prazo para que o perito e os assistentes entreguem as conclusões de seus trabalhos (§ 2º). Não há por que negar a possibilidade de as próprias partes, com fundamento no art. 191, ajustarem calendário para a prática desta perícia. Trata-se de mais um caso em que o novo CPC inova ao admitir, na prática dos atos processuais, ampla participação (e mais que isto, inegável protagonismo) das partes como verdadeiros condutores dos rumos do processo, aplicando, assim, a diretriz ampla do art. 190. Este protagonismo não impede, de qualquer sorte, o necessário (irrenunciável e inafastável) controle judicial sobre a regularidade da prática dos atos, a começar pela observância das exigências da hipótese de incidência do dispositivo: capacidade das partes e se tratar de causa que admita a autocomposição (incisos I e II do caput).". (BUENO, Cassio Scarpinella. *Novo Código de Processo Civil anotado*. São Paulo: Saraiva, 2015. p. 316)

CPC 2015	CPC 1973
Art. 472. O juiz poderá dispensar prova pericial quando as partes, na inicial e na contestação, apresentarem, sobre as questões de fato, pareceres técnicos ou documentos elucidativos que considerar suficientes.	Art. 427. O juiz poderá dispensar prova pericial quando as partes, na inicial e na contestação, apresentarem sobre as questões de fato pareceres técnicos ou documentos elucidativos que considerar suficientes.

CPC 2015	CPC 1973
Art. 473. O laudo pericial deverá conter: I – a exposição do objeto da perícia; II – a análise técnica ou científica realizada pelo perito; III – a indicação do método utilizado, esclarecendo-o e demonstrando ser predominantemente aceito pelos especialistas da área do conhecimento da qual se originou; IV – resposta conclusiva a todos os quesitos apresentados pelo juiz, pelas partes e pelo órgão do Ministério Público. § 1º No laudo, o perito deve apresentar sua fundamentação em linguagem simples e com coerência lógica, indicando como alcançou suas conclusões.	Art. 429. Para o desempenho de sua função, podem o perito e os assistentes técnicos utilizar-se de todos os meios necessários, ouvindo testemunhas, obtendo informações, solicitando documentos que estejam em poder de parte ou em repartições públicas, bem como instruir o laudo com plantas, desenhos, fotografias e outras quaisquer peças.

§ 2º É vedado ao perito ultrapassar os limites de sua designação, bem como emitir opiniões pessoais que excedam o exame técnico ou científico do objeto da perícia.
§ 3º Para o desempenho de sua função, o perito e os assistentes técnicos podem valer-se de todos os meios necessários, ouvindo testemunhas, obtendo informações, solicitando documentos que estejam em poder da parte, de terceiros ou em repartições públicas, bem como instruir o laudo com planilhas, mapas, plantas, desenhos, fotografias ou outros elementos necessários ao esclarecimento do objeto da perícia.

— *"O art. 473 inova ao indicar os requisitos que devem ser observados na elaboração do laudo e as vedações a serem observadas pelo perito na exposição de suas conclusões (caput e §§ 1 e 2º)".* (BUENO, Cassio Scarpinella. *Novo Código de Processo Civil anotado*. São Paulo: Saraiva, 2015. p. 317)

CPC 2015	CPC 1973
Art. 474. As partes terão ciência da data e do local designados pelo juiz ou indicados pelo perito para ter início a produção da prova.	Art. 431-A. As partes terão ciência da data e local designados pelo juiz ou indicados pelo perito para ter início a produção da prova.

CPC 2015	CPC 1973
Art. 475. Tratando-se de perícia complexa que abranja mais de uma área de conhecimento especializado, o juiz poderá nomear mais de um perito, e a parte, indicar mais de um assistente técnico.	Art. 431-B. Tratando-se de perícia complexa, que abranja mais de uma área de conhecimento especializado, o juiz poderá nomear mais de um perito e a parte indicar mais de um assistente técnico.

CPC 2015	CPC 1973
Art. 476. Se o perito, por motivo justificado, não puder apresentar o laudo dentro do prazo, o juiz poderá conceder-lhe, por uma vez, prorrogação pela metade do prazo originalmente fixado.	Art. 432. Se o perito, por motivo justificado, não puder apresentar o laudo dentro do prazo, o juiz conceder-lhe-á, por uma vez, prorrogação, segundo o seu prudente arbítrio.

CPC 2015	CPC 1973
Art. 477. O perito protocolará o laudo em juízo, no prazo fixado pelo juiz, pelo menos 20 (vinte) dias antes da audiência de instrução e julgamento. § 1º As partes serão intimadas para, querendo, manifestar-se sobre o laudo do perito do juízo no prazo comum de 15 (quinze) dias, podendo o assistente técnico de cada uma das partes, em igual prazo, apresentar seu respectivo parecer. § 2º O perito do juízo tem o dever de, no prazo de 15 (quinze) dias, esclarecer ponto: I – sobre o qual exista divergência ou dúvida de qualquer das partes, do juiz ou do órgão do Ministério Público;	Art. 433. O perito apresentará o laudo em cartório, no prazo fixado pelo juiz, pelo menos 20 (vinte) dias antes da audiência de instrução e julgamento. Parágrafo único. Os assistentes técnicos oferecerão seus pareceres no prazo comum de 10 (dez) dias, após intimadas as partes da apresentação do laudo. Art. 435. A parte, que desejar esclarecimento do perito e do assistente técnico, requererá ao juiz que mande intimá-lo a comparecer à audiência, formulando desde logo as perguntas, sob forma de quesitos.

II – divergente apresentado no parecer do assistente técnico da parte. § 3º Se ainda houver necessidade de esclarecimentos, a parte requererá ao juiz que mande intimar o perito ou o assistente técnico a comparecer à audiência de instrução e julgamento, formulando, desde logo, as perguntas, sob forma de quesitos. § 4º O perito ou o assistente técnico será intimado por meio eletrônico, com pelo menos 10 (dez) dias de antecedência da audiência.	Parágrafo único. O perito e o assistente técnico só estarão obrigados a prestar os esclarecimentos a que se refere este artigo, quando intimados 5 (cinco) dias antes da audiência.

— "O art. 477 estabelece o prazo de pelo menos vinte dias (**úteis**) antes da audiência de instrução e julgamento para entrega do laudo pelo perito, a ser protocolado em juízo (caput)". (BUENO, Cassio Scarpinella. *Novo Código de Processo Civil anotado*. São Paulo: Saraiva, 2015. p. 318)

CPC 2015	CPC 1973
Art. 478. Quando o exame tiver por objeto a autenticidade ou a falsidade de documento ou for de natureza médico-legal, o perito será escolhido, de preferência, entre os técnicos dos estabelecimentos oficiais especializados, a cujos diretores o juiz autorizará a remessa dos autos, bem como do material sujeito a exame. § 1º Nas hipóteses de gratuidade de justiça, os órgãos e as repartições oficiais deverão cumprir a determinação judicial com preferência, no prazo estabelecido. § 2º A prorrogação do prazo referido no § 1º pode ser requerida motivadamente. § 3º Quando o exame tiver por objeto a autenticidade da letra e da firma, o perito poderá requisitar, para efeito de comparação, documentos existentes em repartições públicas e, na falta destes, poderá requerer ao juiz que a pessoa a quem se atribuir a autoria do documento lance em folha de papel, por cópia ou sob ditado, dizeres diferentes, para fins de comparação.	Art. 434. Quando o exame tiver por objeto a autenticidade ou a falsidade de documento, ou for de natureza médico-legal, o perito será escolhido, de preferência, entre os técnicos dos estabelecimentos oficiais especializados. O juiz autorizará a remessa dos autos, bem como do material sujeito a exame, ao diretor do estabelecimento. Parágrafo único. Quando o exame tiver por objeto a autenticidade da letra e firma, o perito poderá requisitar, para efeito de comparação, documentos existentes em repartições públicas; na falta destes, poderá requerer ao juiz que a pessoa, a quem se atribuir a autoria do documento, lance em folha de papel, por cópia, ou sob ditado, dizeres diferentes, para fins de comparação.

— "Nos §§ 1º e 2º do art. 478, o novo CPC inova ao tratar do assunto na perspectiva do beneficiário da justiça gratuita." (BUENO, Cassio Scarpinella. *Novo Código de Processo Civil anotado*. São Paulo: Saraiva, 2015. p. 319)

CPC 2015	CPC 1973
Art. 479. O juiz apreciará a prova pericial de acordo com o disposto no art. 371, indicando na sentença os motivos que o levaram a considerar ou a deixar de considerar as conclusões do laudo, levando em conta o método utilizado pelo perito.	Art. 436. O juiz não está adstrito ao laudo pericial, podendo formar a sua convicção com outros elementos ou fatos provados nos autos.

— "A fórmula adotada pelo novo CPC é, inegavelmente, mais completa e preferível que a do art. 436 do CPC de 1973, sendo pertinente também a expressa remissão ao art. 371, que permite ao magistrado apreciar a prova constante dos autos, independentemente do sujeito que a tiver promovido (princípio da aquisição da prova), indicando na decisão as razões da formação de seu convencimento." (BUENO, Cassio Scarpinella. *Novo Código de Processo Civil anotado*. São Paulo: Saraiva, 2015. p. 319)

CPC 2015	CPC 1973
Art. 480. O juiz determinará, de ofício ou a requerimento da parte, a realização de nova perícia quando a matéria não estiver suficientemente esclarecida. § 1º A segunda perícia tem por objeto os mesmos fatos sobre os quais recaiu a primeira e destina-se a corrigir eventual omissão ou inexatidão dos resultados a que esta conduziu. § 2º A segunda perícia rege-se pelas disposições estabelecidas para a primeira. § 3º A segunda perícia não substitui a primeira, cabendo ao juiz apreciar o valor de uma e de outra.	Art. 437. O juiz poderá determinar, de ofício ou a requerimento da parte, a realização de nova perícia, quando a matéria não lhe parecer suficientemente esclarecida. Art. 438. A segunda perícia tem por objeto os mesmos fatos sobre que recaiu a primeira e destina-se a corrigir eventual omissão ou inexatidão dos resultados a que esta conduziu. Art. 439. A segunda perícia rege-se pelas disposições estabelecidas para a primeira. Parágrafo único. A segunda perícia não substitui a primeira, cabendo ao juiz apreciar livremente o valor de uma e outra.

— *"Também aqui (§ 3º) o novo CPC não traz nenhuma inovação diante do que prescreve o art. 439 do CPC de 1973, a não ser a eliminação (pertinente) da palavra 'livremente', já que não há, no sentido comum da palavra, 'liberdade' na avaliação dos meios de prova pelo juiz porque condicionada pelo sistema normativo, desde o 'modelo constitucional.'"* (BUENO, Cassio Scarpinella. *Novo Código de Processo Civil anotado*. São Paulo: Saraiva, 2015. p. 320)

Seção XI — Da Inspeção Judicial

CPC 2015	CPC 1973
Art. 481. O juiz, de ofício ou a requerimento da parte, pode, em qualquer fase do processo, inspecionar pessoas ou coisas, a fim de se esclarecer sobre fato que interesse à decisão da causa.	Art. 440. O juiz, de ofício ou a requerimento da parte, pode, em qualquer fase do processo, inspecionar pessoas ou coisas, a fim de se esclarecer sobre fato, que interesse à decisão da causa.

CPC 2015	CPC 1973
Art. 482. Ao realizar a inspeção, o juiz poderá ser assistido por um ou mais peritos.	Art. 441. Ao realizar a inspeção direta, o juiz poderá ser assistido de um ou mais peritos.

CPC 2015	CPC 1973
Art. 483. O juiz irá ao local onde se encontre a pessoa ou a coisa quando: I – julgar necessário para a melhor verificação ou interpretação dos fatos que deva observar; II – a coisa não puder ser apresentada em juízo sem consideráveis despesas ou graves dificuldades; III – determinar a reconstituição dos fatos. Parágrafo único. As partes têm sempre direito a assistir à inspeção, prestando esclarecimentos e fazendo observações que considerem de interesse para a causa.	Art. 442. O juiz irá ao local, onde se encontre a pessoa ou coisa, quando: I – julgar necessário para a melhor verificação ou interpretação dos fatos que deva observar; II – a coisa não puder ser apresentada em juízo, sem consideráveis despesas ou graves dificuldades; III – determinar a reconstituição dos fatos. Parágrafo único. As partes têm sempre direito a assistir à inspeção, prestando esclarecimentos e fazendo observações que reputem de interesse para a causa.

CPC 2015	CPC 1973
Art. 484. Concluída a diligência, o juiz mandará lavrar auto circunstanciado, mencionando nele tudo quanto for útil ao julgamento da causa. Parágrafo único. O auto poderá ser instruído com desenho, gráfico ou fotografia.	Art. 443. Concluída a diligência, o juiz mandará lavrar auto circunstanciado, mencionando nele tudo quanto for útil ao julgamento da causa. Parágrafo único. O auto poderá ser instruído com desenho, gráfico ou fotografia.

1.8.4. Controle médico

A CLT estabelece a obrigatoriedade do exame médico na admissão do empregado, na demissão, mudança de função e periódicos (NR-7), pago pelo empregador, além de prever regras mínimas relativas à edificação, iluminação, conforto térmico, instalação elétrica, movimentação, armazenagem e manuseio de materiais, utilização de máquinas e equipamentos, caldeiras, fornos e recipientes, conforme determinam os arts. 170 a 188 da CLT.

A empresa deverá manter em seu estabelecimento o material necessário à prestação de primeiros socorros médicos, de acordo com o risco da atividade (art. 168, § 4º, da CLT).

1.8.5. Atividades perigosas

A Lei n. 7.369/85 classifica como atividades perigosas aquelas que por sua natureza ou método de trabalho coloquem o funcionário em contato permanente ou intermitente com agentes de risco à vida, tais como inflamáveis, explosivos e energia elétrica, bem como radiações ionizantes ou substâncias radioativas (Portaria MTE n. 518/2003). Segundo jurisprudência dominante, entende-se por atividade perigosa o trabalhador que não se envolve diretamente com a manutenção de sistemas elétricos de potência, mas que o executam em locais próximos a eles, tais como instaladores de cabeamento de televisão em postes, linhas telefônicas. Também se enquadram neste instituto, aqueles que se envolvem com a proteção armada de patrimônio (vigilantes), trabalho em altura (pintura e limpeza de vidros em prédios) ou atividade desenvolvida em áreas de desmoronamento iminente, transporte de inflamáveis líquidos ou gasosos liquefeitos em quaisquer vasilhames e a granel, armazenamento de explosivos, dentre outras.

O quadro geral das atividades perigosas e riscos em potencial encontra-se expresso no Quadro 1 da NR-16.

Jurisprudência:

> ADICIONAL DE PERICOLOSIDADE. Comissário de bordo e comandante de aeronave. Não configura condição perigosa de trabalho a permanência de comissários de bordo e comandante no interior de aeronave, durante a operação de reabastecimento desta. O art. 193 da CLT exige, para caracterização da atividade ou operação perigosa, a concomitância do contato permanente com inflamáveis ou explosivos e a condição de risco acentuado. Na hipótese concreta o contato não é permanente e tampouco é acentuado o risco. Adicional de periculosidade indevido. (TRT – 2ª Região – 1ª Turma – RO 01017-2003-315-02-00-8 – Rel. Wilson Fernandes – Data: 28.7.2009)

1.9. Vigilantes

O vigilante difere do vigia, cuja função deste último, se milita a realizar a guarda de um determinado patrimônio, com a função de observar e comunicar as autoridades policiais sobre eventuais danos e invasão. O vigilante, por sua vez, está integrado numa categoria profissional diferenciada e regida pela Lei n. 7.102/83, o qual tem o dever de enfrentar o perigo quando está executando vigilância patrimonial de bancos e outros estabelecimentos públicos e privados, assim como a segurança de pessoas físicas (art. 15 c/c o art. 10)

As empresas que tenham objeto econômico diverso da vigilância ostensiva e do transporte de valores, que utilizem pessoal de quadro funcional próprio para execução dessas atividades, ficam obrigadas ao cumprimento do disposto na lei e demais legislações pertinentes.

Para o exercício da profissão, o vigilante deverá preencher alguns requisitos básicos, além do prévio registro no Departamento de Polícia Federal, sendo autorizado o porte de revólver calibre 32 ou 38 e o uso de cassetete de madeira ou borracha. Quando designados para o transporte de valores, poderão fazer uso também de espingarda calibre 12, 16 ou 20, de fabricação nacional.

Os requisitos para o exercício da profissão são os seguintes:

- Ser brasileiro;
- Ter idade mínima de vinte e um anos;
- Ter instrução correspondente à quarta série do primeiro grau;
- Ter sido aprovado em curso de formação de vigilante, realizado em estabelecimento com funcionamento autorizado nos termos da Lei n. 7.102/83;
- Ter sido aprovado em exame de saúde física, mental e psicotécnico;
- Não ter antecedentes criminais registrados; e
- Estar quite com as obrigações eleitorais e militares.

Cabe ainda, o registro na Delegacia Regional do Trabalho e do Ministério do Trabalho, que se fará após a apresentação dos documentos comprobatórios das situações acima elencadas.

Cabe periculosidade a todos os vigilantes de 30% sobre seu salário.

Jurisprudência:

VIGILANTE. ENQUADRAMENTO. Nos termos da Lei n. 7.102/83, vigilante é o profissional que preenche uma série de requisitos, dentre eles, a aprovação em curso de formação de vigilante, realizado em estabelecimento com funcionamento autorizado e o prévio registro na Delegacia Regional do Trabalho. Como se não bastasse, tem assegurado o direito de uso de uniforme especial, porte de arma, quando em serviço, prisão especial por ato decorrente do serviço e seguro de vida em grupo às expensas do empregador. O desempenho de atividades relacionadas ao controle e fiscalização de visitantes em condomínio, sem o uso de armas e sem os requisitos da legislação específica, não guarda equivalência de funções com as atribuições do vigilante, nem justifica o enquadramento pleiteado. Recurso Improvido. (TRT – 2ª Região – 12ª Turma – RO 02807-2008-201-02-00-4 – Rel. Delvio Buffulin – Data: 19.6.2009)

1.10. Ergonomia

Ergonomia vem do grego *ergons* que significa trabalho, e *nomos* que significa leis. Atualmente a palavra é usada para descrever a ciência de conceber uma tarefa que se adapte ao trabalhador e não forçar o trabalhador a adaptar-se à tarefa. Também é chamada de engenharia dos fatores humanos e, há ainda, a preocupação com a interface homem-computador.

A ergonomia estabelece parâmetros que facilitam a adaptação das condições de trabalho às características psicofísicas dos trabalhadores, visando proporcionar conforto, segurança e desempenho suficiente. A ergonomia é tratada na NR-7 como uma ciência relativamente recente que estuda as relações entre o homem e seu ambiente de trabalho.

Para avaliar a adaptação das condições de trabalho às características psicofisiológicas dos trabalhadores, o empregador deve proceder análise ergonômica do trabalho, abordando, no mínimo, as condições de trabalho estabelecidas em Norma Regulamentadora.

Os agentes ergonômicos abaixo elencados podem gerar distúrbios físicos e psíquicos no trabalhador, causando sérios danos à saúde:

- Esforço físico intenso;
- Levantamento e transporte manual de pesos;
- Exigência de postura inadequada;
- Controle rígido de produtividade;
- Imposição de ritmos excessivos;
- Monotonia e repetitividade.

Todas as disposições relacionadas à ergonomia estão disciplinadas na NR-17.

Jurisprudência:

> ESTABILIDADE ACIDENTÁRIA. DOENÇA PROFISSIONAL. NEXO CAUSAL. CULPA DO EMPREGADOR. ERGONOMIA. Comprovada a existência de nexo causal entre as atividades desenvolvidas e as patologias adquiridas, revela-se patente a culpa do empregador, porquanto deixou de observar e cumprir as normas de saúde e segurança no trabalho, principalmente no que diz respeito à ergonomia (NR-17 da Portaria MTb 3214/78). Recurso Ordinário não provido. (TRT – 2ª Região – 12ª Turma – RO 00681-2005-263-02-00-7 – Rel. Davi Furtado Meirelles – Data: 17.4.2009)

> LER. DOENÇA PROFISSIONAL. RESPONSABILIDADE DO EMPREGADOR. O aumento crescente dos casos de LER foi impulsionado pela introdução massiva da informática que implica na repetitividade dos gestos, pela crescente pressão por qualidade e produtividade. Houve uma alteração profunda no meio ambiente do trabalho nas últimas décadas no tocante ao ritmo imposto aos trabalhadores e à pressão exercida sobre os mesmos. O aumento da competitividade trouxe consigo a redução de custos e de prazos e a busca incessante pelo aumento da produtividade e pela aceleração. Neste quadro, a LER tem sido a moléstia desenvolvida com mais frequência. Incumbe ao empregador tomar todas as medidas que estão ao seu alcance para impedir o desenvolvimento da moléstia (exames periódicos, encaminhamento para tratamento, realocação do trabalhador em setor compatível, investimento em ergonomia, dentre outras). A omissão quanto ao dever legal de preservar a integridade física do trabalhador caracteriza culpa, ensejando a responsabilidade civil. (TRT – 2ª Região – 4ª Turma – RO 00320-2006-078-02-00-4 – Relª. Ivani Contini Bramante – Data: 15.5.2009)

1.10.1. Prevenção da fadiga

Veja também o capítulo 4.3.18.10 – Limites de peso.

O peso máximo que o empregado pode remover individualmente, salvo disposições relativas ao trabalho da mulher e do menor, é de 60kg. O empregador não pode exigir do empregado o transporte manual de cargas cujo peso possa comprometer a saúde e a segurança do trabalhador, salvo quando fixados limites para remoção de material feita por impulsão ou tração de vagonetes sobre trilhos, carros de mão ou qualquer outro aparelho mecânico (art. 198 da CLT).

Será obrigatória a colocação de assentos que assegurem a postura correta ao trabalhador, capazes de evitar posições incômodas ou forçadas, sempre que a execução da tarefa exija que trabalhe sentado. Quando o trabalho deva ser executado de pé, os empregados terão à sua disposição assentos para serem utilizados nas pausas que o serviço permitir (art. 199 e parágrafo único da CLT).

Jurisprudência:

> RECURSO DO RECLAMADO. CORREÇÃO MONETÁRIA. ÉPOCA PRÓPRIA. Coincidindo a pretensão recursal com os termos deferidos na decisão de 1º grau, carece (necessidade + utilidade) a parte de interesse para recorrer. JORNADA REDUZIDA. TELEFONISTA. O art. 227, da CLT estabelece a jornada reduzida de seis horas aos operadores de serviços de telefonia. Refere-se, pois, aos empregados que prestem serviços preponderantemente através de aparelhos telefônicos. O fundamento da tutela especial está na demanda de atenção constante, capaz de gerar fadiga física e psíquica, com aparecimento de neuroses ou psicoses. RECURSO DA RECLAMANTE. HORAS EXTRAS. Entendo que a juntada dos registros de horário por parte da empresa, quando empregue mais de 10 trabalhadores, não depende de determinação judicial, por isso que a manutenção de tais controles resulta de imposição legal. (TRT – 2ª Região – 2ª Turma – RO 00779-2006-017-02-00-8 – Rel. Luiz Carlos Gomes Godoi – Data: 2.9.2008)

> HORAS EXTRAS. SUPRESSÃO DO INTERVALO INTRAJORNADA. A regra insculpida no art. 71 "in fine" da CLT, caracteriza-se pela imperatividade absoluta, já que trata, em última instância, sobre a redução dos riscos inerentes ao trabalho, insuscetível de renúncia ou transação. Não resta dúvida de que a intenção do legislador foi prevenir a fadiga e a fragilidade do empregado, concedendo-lhe um descanso para recuperar suas energias exauridas pela labuta diária. Nesta esteira de raciocínio, as regras que impõem a obrigatoriedade da concessão de intervalos para descanso são de ordem pública e não podem sofrer derrogações, ainda que por via coletiva. A cláusula normativa que assim dispuser será ineficaz, por afrontar a prevenção aos riscos inerentes ao trabalho, valor constitucionalmente consagrado no art. 7º, inciso XXII. (TRT – 2ª Região – 10ª Turma – RO 01086-1999-251-02-00 – Relª. Vera Marta Publio Dias – Data: 6.9.2005)

1.11. Proteção ao trabalho do menor

O art. 403 da CLT aduz que é proibido qualquer trabalho a menores de 16 anos de idade, salvo na condição de aprendiz, a partir dos 14 anos. A MP n. 251/05 reforça que a idade para poder ser considerado aprendiz se dá dos 14 anos até os 24 anos. A nossa Constituição Federal considera menor o trabalhador de 16 a 18 anos de idade (art. 7º, inciso XXXIII).

O menor não poderá realizar nenhum trabalho em condições perigosas ou insalubres ou que prejudiquem a sua formação, o seu desenvolvimento físico, psíquico, moral e social, e em horários e locais que não possibilitem frequentar a escola. O disposto no art. 404 da CLT veda ao menor o trabalho noturno de qualquer natureza, compreendido como noturno o trabalho executado no período entre as 22h e às 5h.

A partir dos 14 anos, é admissível o Contrato de Aprendizagem, feito por escrito e por prazo determinado, conforme art. 428 da CLT (redação dada pela Lei n. 11.180/2005), com a duração máxima de 2 anos, com as respectivas anotações na CPTS.

A duração do trabalho do aprendiz não poderá exceder a 6 horas diárias, vedadas a prorrogação e a compensação de jornada, salvo para os aprendizes que já tiverem completado o ensino fundamental, se nelas forem computadas as horas destinadas à aprendizagem teórica. Neste caso, poderá o aprendiz trabalhar 8 horas diárias, conforme disposto no art. 432 da CLT.

Jurisprudência:

> Honorários advocatícios. O art. 404 do Código Civil não alude a honorários advocatícios com natureza diversa daquela que emerge da sucumbência em demandas judiciais, apesar de se encontrar estampado em diploma de direito material, a exemplo do que ocorre com a menção aos juros e custas, que também independem de pedido expresso. Em verdade, na Justiça do Trabalho, não se pode transferir ao reclamado o ônus que decorre da contratação de advogado particular, enquanto perdurar a vigência do art. 791 da CLT, que faculta o *jus postulandi* das próprias partes. Acidente de trabalho. Indenização por danos morais e materiais. *A contratação de empregado menor de idade para trabalho considerado perigoso*, nos termos do art. 7º, XXXIII, CF e art. 405, I, CLT, enseja a presunção de culpa do empregador na hipótese de acidente do trabalho na constância da menoridade ou logo após adquirir a maioridade civil, sendo devida a indenização de que trata o art. 7º, XXVIII, CF, a cargo do empregador. (TRT – 2ª Região – 12ª Turma – RO 01728-2006-086-02-00-8 – Rel. Adalberto Martins – Data: 27.3.2009)

> ACIDENTE DO TRABALHO. VÍTIMA MENOR DE IDADE. EXERCÍCIO DE ATIVIDADE VEDADA EM LEI. RESPONSABILIDADE CIVIL DO EMPREGADOR. Nos termos dos arts. 405, I, e 425 da CLT, "os empregadores de menores de 18 anos são obrigados a velar pela observância, nos seus estabelecimentos ou empresas, (...) das regras de higiene e medicina do trabalho", sendo-lhes proibido ofertar, a menores, trabalho "nos locais e serviços perigosos ou insalubres, constantes de quadro para esse fim aprovado pela Secretaria de Segurança e Medicina do Trabalho". Nesse sentido, o Anexo I da Portaria Ministerial n. 20, de 13 de setembro de 2.001, ao regulamentar o disposto no art. 405, I, da CLT, arrola quais atividades vedadas ao menor de 18 anos. Verificada a ocorrência de acidente que resulta em dano para o trabalhador menor de idade, em atividade cujo exercício lhe é obstado por norma expressa do MTE. (3ª Região – 10ª Turma. RO 00972-2008-058-03-00-0 – Relª. Deoclécia Amorelli Dias – Data: 11.3.2009)

1.11.1. Extinção do contrato de aprendizagem

O contrato de aprendizagem se extingue no seu termo ou quando o aprendiz completar 18 anos de idade, ou antecipadamente, em algumas hipóteses, como:

- Desempenho insuficiente ou inadaptação do aprendiz, ou seja, quando o menor não tem bons resultados escolares ou não consegue se adaptar às atividades de formação profissional (art. 433, I, da CLT).

- Falta disciplinar grave autorizará a despedida do menor trabalhador (art. 433, II, da CLT).

- Ausência injustificada à escola que implique perda do ano letivo também autorizará a extinção do contrato de aprendizagem (art. 433, III, da CLT).

- Finalmente, o pedido de demissão do próprio aprendiz (art. 433, IV, da CLT).

1.12. Penosidade

Veja também o capítulo 5.6.2.6 Adicional de penosidade.

Trata-se de uma modalidade de indenização destinada às atividades que, embora não cause efetivo dano à saúde do trabalhador, possa tornar sua atividade profissional mais sofrida. Por exemplo: empregado que trabalha o dia todo em pé ou tenham que enfrentar filas, se sujeitam ao sol ou à chuva, tenham que levantar muito cedo etc.

Embora previsto pelo art. 7º, XXIII, da CF, ainda não existe previsão legal sobre o que constitui atividade penosa e qual o respectivo adicional devido. Uma vez carecendo de regulamentação legal, não representa, portanto, um direito efetivo, até que o adicional de penosidade seja devidamente regulamentado.

O que tem garantido efetividade ao adicional de penosidade, até que seja determinado em lei específica a ser criada pelo Poder Legislativo, são as negociações realizadas entre entidades sindicais e empregadores, que têm negociado o pagamento deste adicional por meio de Acordos e Convenções Coletivas de Trabalho.

Jurisprudência:

> HORA NOTURNA REDUZIDA. REGIME 12X36. A jornada 12 x 36 não é incompatível com a determinação contida no art. 73, § 1º, da CLT. De se relevar que a citada norma diz respeito à penosidade da atividade noturna e busca garantir a higidez física e mental do empregado. Logo, por se tratar de norma de ordem pública, deve ser observada em qualquer regime de trabalho noturno, inclusive aquele cumprido pelo autor, em escala 12 x 36. (TRT – 2ª Região – 2ª Turma – RO 00201-2004-038-02-00-0 – Relª. Odette Silveira Moraes – Data: 28.7.2009)

1.13. Outras regras de proteção

Outras normas de prevenção são bem recebidas na CLT, cujos pontos principais são:

➢ Caldeiras, fornos e recipientes sob pressão: é obrigatório o uso de válvulas e dispositivos de segurança. Toda caldeira deve passar por inspeção periódica, anotada no Registro de Segurança, e contar com prontuário, com as suas características. Esta matéria é regulada pelas NRs 13 e 14.

➢ Conforto térmico: é obrigatória ventilação natural ou artificial que possibilite conforto térmico. Na geração de frio é necessário o uso de vestimentas ou isolamentos térmicos protetivos (arts. 174 a 178 da CLT).

➢ Edificações: os locais de trabalho deverão ter, no mínimo, 3 metros de pé-direito, assim considerada a altura livre do piso ao teto. O piso não deve apresentar saliências nem depressões que prejudiquem a circulação de pessoas ou a movimentação de materiais (arts. 171 a 174 da CLT).

➢ Equipamento de Proteção Individual: assunto já abordado em capítulo específico.

➢ Fadiga: Salvo o uso de vagonetes sobre trilhos, carros de mão ou outros aparelhos mecânicos, há de se considerar que 60 quilos é o peso máximo para remoção individual pelo empregado. É obrigatória a colocação de assentos que assegurem a postura correta e, no trabalho em que o funcionário deverá ficar em pé, disponibilizar assentos para as pausas (NR-17 e Portaria n. 3.751/90).

> Iluminação: em o local de trabalho a iluminação deve ser natural ou artificial, apropriada à natureza da atividade, uniformemente distribuída, geral e difusa, a fim de evitar o ofuscamento, reflexos, incômodos, sombras e contrastes excessivos (art. 175 da CLT e Portaria MT n. 3.751/90).

> Insalubridade e periculosidade: assunto tratado em capítulo específico (NR-15).

> Instalações elétricas: trabalho realizado por empregado especializado, com instrução especial, em condições de prestar socorro a acidentados por choque elétrico. O aterramento e outras especificações pertinentes estão na NR-10.

> Máquinas e equipamentos: para evitar o acionamento acidental de máquinas e equipamentos, fica obrigada a empresa de instalar dispositivos de partida e parada, e de estabelecer que a manutenção só poderá ser realizada com a máquina completamente parada (NR-12).

> Movimentação, armazenagem e manuseio de materiais: padronização de avisos de carga máxima, avisos proibitivos de não fumar, advertência quanto à natureza perigosa, precaução, condições mínimas de segurança e higiene referente aos recipientes e armazéns, primeiros socorros e assuntos correlatos, tratados pela NR-11.

Fiscalização do Trabalho

2.1. Introdução

A fiscalização do trabalho tem por finalidade a prevenção e manutenção adequada dos direitos trabalhistas dos empregados, frente à relação trabalhista com o empregador.

É admissível que o Estado regule a relação trabalhista de duas maneiras distintas: num primeiro momento a inspeção direta e autônoma do auditor-fiscal junto ao empregador, e em segundo plano a Justiça do Trabalho, isto é, o ingresso do empregado no Poder Judiciário, que pleiteia na Justiça do Trabalho seus direitos, que algumas vezes são lesados, independentemente do conhecimento ou não desses direitos que lhe são atribuídos, e que não raramente são abdicados em detrimento de represálias pelo empregador.

Os auditores realizam atividades internas e externas. A primeira refere-se a procedimento de assistência na rescisão do contrato de trabalho, pedido de demissão de um estável e outras. Enquanto que a atividade externa concerne na prevenção e manutenção adequada dos direitos trabalhistas dos empregados em relação às partes envolvidas na relação de emprego, qual seja, o empregado e o empregador, podendo este último ser pessoa de direito privado ou público.

Os auditores-fiscais também são chamados pelas expressões de inspetor do trabalho, agente fiscal e fiscal do trabalho.

2.2. Fundamentação legal

A fiscalização do trabalho encontra respaldo na Lei Fundamental em seu art. 21, inciso XXIV, onde versa sobre a competência da União em organizar, manter e executar a inspeção do trabalho. Na Consolidação, no art. 626, incumbe às autoridades competentes do Ministério do Trabalho, ou àquelas que exerçam funções delegadas, a fiscalização do fiel cumprimento das normas de proteção ao trabalho. Assim, os fiscais do Instituto Nacional de Seguridade Social e das entidades paraestatais em geral, dependentes do Ministério do Trabalho, serão competentes para a fiscalização na forma das instruções que forem expedidas pelo Ministro do Trabalho.

Há ainda diversas portarias, decretos e leis editadas ao longo dos anos versando sobre o tema: Portarias ns. 3.158/71, 3.159/71, 3.292/71, 27/77, a Lei n. 7.855/89, a Instrução

Normativa n. 28/2002 e, por fim, os Decretos ns. 55.841/65, 57.819/66, 65.557/69 e 97.995/89 revogados pelo Decreto n. 4.552/02.

De todos os dispositivos supra mencionados, no Decreto n. 55.841/65 encontram-se as informações pertinentes ao Regulamento da Inspeção do Trabalho (RIT), cuja finalidade é assegurar o que está disposto no ordenamento legal e nos regulamentos trabalhistas.

Ainda, merece tecer comentários acerca da fiscalização direcionada, isto é, algumas áreas e leis laborais possuem agregada à legislação básica, instrução normativa de fiscalização especial, tais como, a Instrução Normativa (IN) n. 26/2001 que trata da aprendizagem, a IN MTE n. 01/1997 que versa sobre a empresa e o trabalho temporário, a IN MTE n. 20/2001 que exprime sobre os portadores de deficiência, a IN MTE n. 25/2001 que fala do FGTS, e outras.

2.3. Sujeitos

São sujeitos competentes para a fiscalização trabalhista, o Ministério do Trabalho (MT) e o Ministério da Previdência Social. No âmbito regional, a fiscalização é realizada pelo Instituto Nacional da Seguridade Social (INSS) e pela Delegacia Regional do Trabalho (DRT). A representação pela DRT é realizada por agentes da inspeção ou auditor-fiscal, pessoa física, que se identifica por meio da identidade funcional, contendo dados pessoais e profissionais.

A função do Ministério do Trabalho e Emprego (MTE) está na fiscalização das leis trabalhistas e do Fundo de Garantia do Tempo de Serviço, podendo, portanto, ser solicitado toda a documentação pertinente para a averiguação do cumprimento das obrigações trabalhistas e do FGTS. A estrutura e composição dos órgãos fiscalizadores é composta da seguinte maneira: Conselho Nacional de Imigração, Conselho Curador do FGTS, Conselho Deliberativo do Fundo de Amparo ao Trabalhador (FAT), Conselho Nacional de Economia Solidária, Secretaria de Políticas Públicas de Emprego, Secretaria de Relações do Trabalho, Secretaria de Inspeção do Trabalho e a Secretaria Nacional de Economia Solidária.

Importante se ater que o papel do auditor-fiscal limita-se a analisar as leis que tutelam a relação do empregado com o empregador. Isto quer dizer que a relação é exclusiva para o empregado, não fazendo parte desta análise vínculos devidamente regulamentados, tais como, o estagiário, o autônomo, o temporário, entre outros. É exceção à fiscalização nas empresas tomadoras de sociedade de cooperativa, a qual procede nos termos gerais da fiscalização (Portaria n. 925/95). Assim sendo, verificado os procedimentos contrários à norma de trabalho, como trabalhadores sem registro ou infantil, deverá o auditor-fiscal considerar a infração.

Jurisprudência:

AUTO DE INFRAÇÃO. AUSÊNCIA DE FISCAIS À SEDE DA EMBARGANTE. NULIDADE. NÃO CARACTE-RIZAÇÃO. Não é nulo o auto de infração pelo simples fato de não ter sido realizada a fiscalização na sede da empresa ou no local de prestação de serviços, uma vez que o agente fiscal teve acesso a toda documentação relativa aos "cooperados" prestadores de serviços à embargante, na sede da cooperativa, tais como o Livro de Inspeção do Trabalho, fichas de produção em nome de cada associado, contendo dias trabalhados, faltas, horas trabalhadas, produção diária e repreensões. (TRT – 3ª Região – 6ª Turma – AP – 02199-2006-152-03-00-5 – Rel. convocado João Bosco Pinto Lara – Data: 19.12.2007)

EXECUÇÃO FISCAL. NULIDADE DE AUTO DE INFRAÇÃO. LIMITES AO PODER DA FISCALIZAÇÃO. A fiscalização do trabalho como resultado da atuação do poder de polícia da administração pública, tem atribuição funcional para inspecionar a existência ou não de trabalhadores sem o devido registro em CTPS. Entretanto, esta atuação é feita tão somente a nível administrativo, com vistas à verificação de infração administrativa, lavrando o respectivo auto de infração, com base no qual é aplicada a penalidade de multa ao infrator da legislação trabalhista. No exercício de sua atividade, o fiscal certamente enfrenta situações que exigem a interpretação da relação laboral havida entre as partes, como no presente caso, que inclui a valoração da existência ou não de relação de emprego, concernente a obreiros que, *a priori*, prestam serviços autônomos mediante contrato escrito de prestação de serviços, ou por meio de pessoa jurídica, ou, ainda, através do sistema de cooperativa. Tendo a empresa-autora demonstrado através da prova documental (contratos de prestação de serviços) e da prova testemunhal produzida nos autos, que a relação laboral empreendida possui natureza autônoma, impõe-se a nulidade do auto de infração. 2. AUTO DE INFRAÇÃO. ANULAÇÃO. TUTELA ANTECIPADA. CABIMENTO. Presentes os requisitos autorizadores da tutela antecipada, nos termos do art. 273 do CPC, correto o seu deferimento pela origem, vez que há prova do alegado (os contratos de prestação de serviços autônomos), possibilidade de dano ocorrência de irreparável ou de difícil reparação para a empresa autuada, consistente na inscrição na dívida ativa da União, que pode acarretar outras lesões, como p. ex. a limitação para contratar com o poder público, abuso no exercício do direito de fiscalização da administração pública, que extrapolou seus limites de poder de polícia e, por fim, trata-se de provimento reversível (a administração deixa de poder cobrar a multa decorrente e, acaso a decisão venha a ser reformada, poderá cobrá-la normalmente, a futuro). (TRT – 2ª Região – 4ª Turma – RO01 – 00519-2008-301-02-00-3 – Rel. Ricardo Artur Costa e Trigueiros – Data: 8.5.2009)

2.4. Documentação obrigatória

As empresas devem cumprir uma série de obrigações que são comprovadas por meio de documentação fiscal, que deve ser exibida à fiscalização do trabalho sempre que exigida, com a obrigatoriedade de mantê-la no estabelecimento da empresa, podendo ser analisada no momento da inspeção ou com data e hora determinadas pelo auditor-fiscal.

Portanto, independente de sua atividade econômica, toda empresa deverá manter à disposição do auditor-fiscal o livro de inspeção do trabalho, que será devidamente autenticado pelo Agente da Inspeção do Trabalho quando de sua visita ao estabelecimento, sendo desnecessária a autenticação pela unidade regional do Ministério do Trabalho e Emprego. Contudo, uma exceção na lei dispensa as microempresas e empresas de pequeno porte (Lei n. 9.841/99, art. 11 e Lei Complementar n. 123/06, art. 51, IV) de manter o Livro de Inspeção do Trabalho. É neste livro que o auditor lançará a documentação fiscal e o prazo que a empresa deverá apresentar. O referido livro pode ser adquirido em papelaria.

Aqueles empreendedores que possuem mais de um estabelecimento comercial, filial ou sucursal devem possuir tantos Livros de Inspeção do Trabalho quantos forem seus estabelecimentos.

Jurisprudência:

FISCALIZAÇÃO DO TRABALHO – EXISTÊNCIA DE VIOLAÇÃO ÀS NORMAS DA CLT – OBRIGAÇÃO DE LAVRATURA DO AUTO DE INFRAÇÃO – AÇÃO ANULATÓRIA DE DÉBITO FISCAL – EMPRESA PROMOTORA DE EVENTOS E FEIRAS – ALUGUEL DE *STANDS*. 1) Incumbe às autoridades competentes do Ministério do Trabalho ou àquelas que exerçam funções delegadas, na linha do preceituado no art. 626 da CLT, a fiscalização do fiel cumprimento das normas de proteção ao trabalho. Em reforço, dispõe o art. 628 da CLT, que, "salvo o disposto nos arts. 627 e 627-A, a toda verificação em que o Auditor-Fiscal do Trabalho concluir pela existência de violação de preceito legal deve corresponder, sob pena de responsabilidade administrativa, a lavratura do auto de infração, o que, no particular, ainda é reforçado pelos ditames da Portaria n. 925/95. Na mesma toada o art. 18 do Decreto n. 4.552/02, que ancorado na Lei n. 10.593/02, aprovou o Regulamento da Inspeção do Trabalho – RIT. 2) A relação jurídica mantida pela empresa recorrida, promotora de eventos e feiras, e aquelas que alugam os estandes nas feiras de exposição é autônoma, não se inserindo no campo de atuação desta Especializada. Na Justiça Comum, lado outro, há espaço para a discussão a respeito da natureza da relação jurídica por elas mantida (contratos de comodato, de exposição de espaços/cessão de uso ou contrato atípico e misto de locação de espaço e de prestação de serviços). 3) O art. 3º da Lei n. 6.830/80 dispõe que "A Dívida Ativa regularmente inscrita goza da presunção de certeza e liquidez", a qual, contudo, pode vir a ser desconstituída pelo executado (art. 3º, parágrafo único, da mesma norma legal), desde que produza elementos suficientes de prova, ônus a ele imputado portanto, atendido no caso concreto. 4) A recorrida não possuía o dever legal de manter, no momento da autuação, o que se deu na feira de moda por ela organizada, a documentação comprobatória referente a registro de empregados, de controle de jornada e livro de inspeção do trabalho, como exigido pelos auditores-fiscais. As pessoas que ali se encontravam não trabalhavam para ela, mas, sim, para os expositores que alugaram os *stands*, ou para a empresa de segurança contratada para aquele evento. Mantenho a sentença, que julgou procedente a ação anulatória de débito fiscal para declarar a nulidade dos autos de infração. (TRT – 3ª Região – 4ª Turma – RO – 01733-2005-007-03-00-2 – Rel. Júlio Bernardo do Carmo – Data: 17.10.2006)

Com a apresentação do livro de inspeção, o agente encarregado da inspeção do estabelecimento fará as devidas averiguações e registrará no livro:

- A visita;
- A data e a hora (início e término);
- Resultado da inspeção;
- Anotação de qualquer irregularidade;
- As exigências feitas e os respectivos prazos para seu cumprimento.

Abaixo estão alguns dos documentos necessários exigíveis pela fiscalização, que a empresa deverá portar em seu estabelecimento comercial, para esta finalidade:

- Quadro de horário ou ficha /cartão de ponto devidamente aprovado;
- Livros ou fichas de empregados preenchidos;
- Folhas de pagamento;
- Relação de empregados maiores e menores;

- Relação de empregados homens e mulheres;
- Acordo de compensação de horas;
- Acordo de prorrogação de horas;
- Encargos sociais: INSS, FGTS, IRRF e Sindical;
- Rescisão contratual;
- Recibo e aviso de férias;
- Cópia de INSS protocolada no Sindical;
- Normas regulamentadoras de saúde, higiene e segurança no trabalho.

Para as empresas que apresentem mais de 10 funcionários em seu estabelecimento, deverá apresentar, perante a inspeção de rotina, somente, a seguinte documentação:

a) Registro de empregados, com as anotações atualizadas, inclusive do horário de trabalho e com a indicação dos acordos ou convenções coletivas de trabalhos celebrados;

b) Acordo para prorrogação ou compensação do horário de trabalho;

c) Escala de revezamento de folgas semanais, quando houver trabalho no dias de repouso obrigatório;

d) Comunicação de admissão e dispensa (CAGED);

e) CTPS – recibo de entrega e devolução;

f) Aviso e recibo de férias;

g) Aviso prévio;

h) Pedido de demissão, se for o caso;

i) Recibo de quitação da rescisão do contrato de trabalho;

j) Cartão de inscrição no CNPJ;

k) Atestado de Saúde Ocupacional (ASO);

l) Comprovante de entrega do vale-transporte;

m) Comprovante do Seguro-Desemprego;

n) Recibo de pagamentos;

o) Folhas de pagamentos;

p) Guias de recolhimentos do FGTS e informações à Previdência Social (Sefip);

q) Guias de recolhimentos rescisórios do FGTS e informações à Previdência Social (GRFP).

Cabe ressaltar que a ausência de anotação no referido livro configura infração, de acordo com os arts. 628 e 630 da CLT, sujeitando o responsável à multa.

2.5. Concessão de prazo para exibição dos documentos

Fica a critério do agente de inspeção do trabalho, o prazo para exibição dos documentos por ele exigidos, desde que não seja inferior a 2 dias e nem superior a 8 dias. É bom salientar que a concessão do referido prazo não se aplica à exibição do livro ou ficha de registro do empregado, mas sim à documentação pertinente.

Em consonância com a IN n. 28/2002, o auditor-fiscal do trabalho pode adotar outros meios de análise da documentação, podendo até mesmo solicitar a busca e apreensão de documentos, livros, materiais, equipamentos e assemelhados mediante o "Auto de Apreensão e Guarda", o qual aduz em seu art. 1º que "A apreensão de documentos, livros, materiais, equipamentos e assemelhados será realizada pelo Auditor-Fiscal do Trabalho — AFT mediante Auto de Apreensão e Guarda, com a finalidade de se verificar a existência de fraudes e irregularidades, no âmbito de competência da inspeção das relações de trabalho e emprego e segurança e saúde do trabalhador." Na mesma esteira, é pertinente acrescentar o § 1º do mesmo instituto: "Não se aplica aos Auditores-Fiscais do Trabalho a vedação de acesso a livros de escrituração contábil e balanços gerais contidos nos arts. 17 e 18 do Código Comercial."

Quanto ao livro ou ficha de registro de empregados de empresas prestadoras de serviços, é permitido que na sua sede, os empregados portem cartão de identificação, do tipo "crachá", e para tanto, é mister que contenha nome completo, data da admissão, número do PIS/PASEP, horário de trabalho e a respectiva função, isto para a empresa que estiver localizada no mesmo Município.

Jurisprudência:

> AÇÃO ANULATÓRIA DE DÉBITO FISCAL. MULTA POR INFRAÇÃO ADMINISTRATIVA. ART. 630, §§ 3º E 4º DA CLT. DESCUMPRIMENTO DE DETERMINAÇÃO DE EXIBIR DOCUMENTOS. Terceirização das atividades. Exigência de exibição de documento que exterioriza o cumprimento de obrigação que não foi cumprida pela empresa. Conduta típica de empregador, refutada pela autuada. Documentação inexistente. Inexigibilidade da determinação. Punição reiterada. Autos de infração anulados. Recurso da autora a que se dá provimento. (TRT – 2ª Região – 11ª Turma – RO01 – 01863-2006-066-02-00-9 – Rel. Eduardo de Azevedo Silva – Data: 21.7.2009)

2.6. Acesso livre

O auditor-fiscal do trabalho tem a prerrogativa do livre acesso a todas as dependências da empresa que estão sujeitas ao regime da lei trabalhista; contudo esse direito compreende não só de ingressar nas dependêcias da empresa, mas também o de permanecer no local, para a devida apuração fiscal.

Entretanto, é importante lembrar que para ocorrer a inspeção do trabalho no estabelecimento comercial não é obrigatório o pré-aviso, podendo o inspetor, dentro de sua região de competência, visitar a empresa que achar necessário.

Da mesma maneira, o horário não se dá de forma especial. O auditor-fiscal poderá, de acordo com o que achar necessário, fiscalizar durante o dia ou durante a noite, e em qualquer dia da semana, cabendo a ele estabelecer esses detalhes.

Para o bom andamento da inspeção, o auditor-fiscal tem a liberdade de interpelar o dirigente ou preposto da empresa para sanar eventuais esclarecimentos, além de questionar qualquer empregado, independente da presença ou não do empregador.

Diferente disso é imperativo que o empregador tenha ciência das solicitações do auditor, para, se necessário, providenciar cópias de documentos, informar modelos de equipamentos ou amostras de materiais para análise na sede da Delegacia Regional do Trabalho ou outro órgão a ela vinculado.

Nota-se, portanto, que a empresa não pode demonstrar ações impeditivas para o bom andamento da inspeção, podendo com isso caracterizar a má-fé do empregador.

Os auditores-fiscais do trabalho, com a finalidade de promover a instrução dos empregadores ou dos responsáveis pelo cumprimento das leis de proteção ao trabalho, observarão o critério da dupla visita, quando:

a) Ocorrer a promulgação ou expedição de novas leis, regulamentos ou instruções ministeriais, sendo que, com relação exclusivamente a esses atos, será feita apenas a instrução dos responsáveis;

b) Perante a primeira inspeção dos estabelecimentos ou dos locais de trabalho, recentemente inaugurados ou empreendidos.

O critério da dupla visita será observado nas empresas com até 10 funcionários, salvo quando for constatada infração por falta de registro de empregado, anotação de sua Carteira de Trabalho e Previdência Social e na ocorrência de fraude, resistência ou embaraço à fiscalização (Lei n. 7.855/89, art. 6º, § 3º, e Lei n. 9.841/99, parágrafo único, do art. 12).

Conclui-se assim que a empresa somente poderá ser autuada na segunda visita do fiscal, que é a dupla visita. A primeira terá o caráter de advertência.

Jurisprudência:

> FISCALIZAÇÃO DO TRABALHO. MICROEMPRESAS, EMPRESAS DE PEQUENO PORTE E COM MENOS DE DEZ EMPREGADOS. CRITÉRIO DA DUPLA VISITA. PRAZO PARA REGULARIZAÇÃO DE DOCUMENTOS. PRORROGAÇÃO. POSSIBILIDADE, DESDE QUE OBSERVADOS OS DITAMES LEGAIS. As microempresas, as empresas de pequeno porte e as com menos de dez empregados só podem ser multadas pela fiscalização do trabalho após a dupla visita. Em observância a esse critério, o prazo concedido para a regularização de documentos poderá ser prorrogado, desde que haja requerimento na forma e no prazo estabelecidos na legislação e seja razoável o pedido de prorrogação. O requerimento de prorrogação após a imposição da multa, sem se comprovar as diligências da empresa durante o primeiro período concedido para a regularização de documentos não é razoável, sob risco de fraude à lei. (TRT – 3ª Região – 9ª Turma – RO – 00420-2008-050-03-00-1 – Rel. Ricardo Antônio Mohallem – Data: 20.5.2009)

> FISCALIZAÇÃO DO TRABALHO. VALIDADE DO AUTO DE INFRAÇÃO. A fiscalização realizada pelos auditores-fiscais do trabalho é atividade vinculada e tem por finalidade constatar o cumprimento

das normas de proteção ao trabalho. Verificado o descumprimento dos preceitos estabelecidos em lei, cabem as sanções previstas. Atividade que é constante e que não afasta a possibilidade da visita de diferentes auditores em curto espaço de tempo. Fundamento, portanto, que não justifica a desconstituição do auto de infração. Também não se exige o critério da dupla visita, fora das hipóteses elencadas taxativamente no art. 627 da CLT. Pedido de nulidade do auto de infração a que se julga improcedente. (TRT – 2ª Região – 11ª Turma – RO01 – 00232-2007-442-02-00-6 – Rel. Eduardo de Azevedo Silva – Data: 2.6.2009)

Nenhum agente da inspeção poderá exercer as atribuições do seu cargo sem exibir a carteira de identidade fiscal, devidamente autenticada, fornecida pela autoridade competente (art. 630 da CLT).

2.7. Atuação do auditor-fiscal

Vale lembrar que, quando verificados procedimentos irregulares na empresa, no entanto, sanáveis, o fiscal-auditor antes de aplicar eventual multa, concederá um prazo para a correção da infração.

Se ainda assim, for necessário aplicar o auto de infração, ou diante da gravidade do ato praticado ou reincidência, este será lavrado em duplicatas, sendo uma via entregue ao infrator, contra recibo, ou ao mesmo enviada no prazo de 10 dias, contados da data de sua lavratura, mediante registro postal do respectivo processo, devendo o fiscal do trabalho apresentá-lo à autoridade competente, ainda que incida em erro. As multas são aplicáveis com base na Portaria n. 290/97 e anexos, cujos institutos relacionam a natureza e a variação da multa em UFIR, com graduação mínima e máxima, e será, recolhida em formulário DARF no código fornecido pelo auditor-fiscal.

Jurisprudência:

> RECURSO ORDINÁRIO EM MANDADO DE SEGURANÇA. CAPITULAÇÃO ERRÔNEA DA VIOLAÇÃO A DISPOSITIVO LEGAL DA CLT. MAJORAÇÃO INDEVIDA DO VALOR DA MULTA. A sonegação de documento ao Agente de Inspeção enquadra-se no parágrafo 6º do art. 630 da CLT que autoriza a lavratura de auto de infração e comina multa para aquele que opõe resistência à fiscalização. A autuação da empresa por infração ao § 1º do art. 459 da CLT configura capitulação errônea do dispositivo violado da CLT e implica na majoração da multa em valor excessivo, haja vista que a infração descrita no parágrafo 6º do art. 630 da CLT impõe multa de 756,56 UFIR (tabela "c" do Anexo III da Portaria n. 290/1997 do Ministério do Trabalho e Emprego), ao passo que a infração ao § 1º do art. 459 da CLT exige multa de 160 UFIR por empregado prejudicado (160 UFIR x 374 empregados = 59.840 UFIR), conforme art. 4º da Lei n. 7855/1989 c/c anexo I da Portaria n. 290/1997 do Ministério do Trabalho e Emprego. O infrator tem direito líquido e certo de ser autuado de acordo com a conduta descrita no auto de infração e com a tipificação legal correspondente. (TRT – 2ª Região – 12ª Turma – RO01 – 04647-2006-084-02-00-7 – Rel. Marcelo Freire Gonçalves – Data: 21.9.2007)

2.8. Defesa e recurso

Depois de lavrado o auto de infração, o autuado poderá apresentar sua defesa no prazo de 10 dias, contados de seu recebimento, por escrito e em duas vias, e serão encaminhadas ao Delegado Regional do Trabalho da localidade, devidamente protocoladas. Para tanto, é possível a oitiva testemunhal e diligências necessárias à elucidação do processo, porém, cabe ao Juiz analisar sobre as necessidades da realização de tais provas.

Caberá recurso para a Secretaria Nacional do Trabalho ou órgão que for competente na matéria, no prazo de 10 dias contados do recebimento da notificação de indeferimento da defesa, perante a autoridade que tiver imposto a multa. Contudo, o recurso somente terá seguimento se o interessado o instruir com prova de depósito da multa, sob pena de cobrança executiva. Não sendo promovido o recurso, o depósito se converterá em pagamento.

Informa o art. 636, § 6º, da CLT, que a multa será reduzida de 50% se o infrator, renunciando ao recurso, a recolher ao Tesouro Nacional dentro do prazo de 10 dias contados do recebimento da notificação ou da publicação do edital.

Desta feita, resta plenamente cabível a prorrogação de prazo para defesa ou recurso de acordo com despacho expresso da autoridade competente, quando o autuado residir em localidade diversa daquela onde se achar essa autoridade.

2.9. Empresa enquadrada no Simples

No que tange às normas trabalhistas, a legislação que aprovou o estatuto da Microempresa (ME) e da Empresa de Pequeno Porte (EPP) não simplificou de forma ampla os procedimentos a serem observados em relação a estas normas. De acordo com a lei, essas empresas não estão dispensadas de todas as obrigações acessórias exigidas para as empresas de modo geral. Destaca-se uma exigência feita a todas as empresas com exceção às Microempresas e Empresas de Pequeno Porte (Lei n. 9.841/99, art. 11), ou seja, que estas não precisam manter o Livro de Inspeção do Trabalho no estabelecimento.

Consagra-se como dispensa de cumprimento das obrigações acessórias a EPP e ME das seguintes situações, quais sejam, o quadro de horário, as anotações de concessão de férias no registro de empregados e a manutenção de menores aprendizes e do Livro de Inspeção do Trabalho. Do mais, a EPP e a ME estão obrigadas a apresentar toda a documentação e exigências solicitadas pela fiscalização trabalhista.

2.10. Força policial ou especialista

Diante da resistência por parte dos representantes da empresa inspecionada, poderá o auditor-fiscal requerer força policial para desempenhar o exercício de sua função. Para isso será aplicado o poder de polícia.

Havendo necessidade de avaliação especializada, o auditor poderá requer o acompanhamento de técnicos profissionais para apuração adequada dos dados em questão, tais como médico do trabalho, engenheiro, entre outros.

3

Terceirização

3.1. Conceito e considerações

A terceirização, *outsourcing*, horizontalização, focalização, entre outras, é a relação criada entre uma empresa que presta o serviço (prestadora) e outra que utiliza os serviços desta empresa (tomadora) e o empregado, vinculado à empresa prestadora do serviço.

Assim, é a contratação de serviços por meio de empresa intermediária entre o tomador de serviços e a mão de obra, mediante contrato de prestação de serviços. A relação de emprego se faz entre o trabalhador e a empresa prestadora de serviços e não diretamente com o contratante destes. Em suma, na terceirização, determinada atividade deixa de ser desenvolvida pelos empregados da empresa para ser transferida para outra empresa.

Merece tecer comentários sobre os sujeitos envolvidos na terceirização. A empresa prestadora de serviço para terceiros é a pessoa jurídica de direito privado, de natureza comercial, legalmente constituída, que se destina a realizar determinado e específico serviço à outra empresa fora do âmbito das atividades-fim e normais para que se constitui essa última. A empresa contratante de serviços é a pessoa física ou jurídica de direito público ou privado que celebra contrato com empresas de prestação de serviços a terceiros com a finalidade de contratar serviços.

Conceituando a expressão atividade-meio e atividade-fim, a atividade-meio é aquela que não representa o objetivo da empresa, não fazendo parte, portanto, do seu processo produtivo, embora caracterizando um serviço necessário, mas não essencial. Enquanto que a atividade-fim é a que compreende as atividades essenciais e normais para as quais a empresa se constituiu. É o seu objetivo a exploração do ramo de atividade expressa nos objetivos do contrato social.

Jurisprudência:

> TERCEIRIZAÇÃO FRAUDULENTA. VÍNCULO DE EMPREGO. Quando se verifica que a contratação do empregado (supostamente terceirizado) visa a não mais que a execução, de forma diretamente subordinada, de serviços insertos no conjunto de atividades pertencentes ao contexto empresarial, desvirtua-se o instituto da terceirização, que não pode, e nem deve, servir de instrumento para alijar o trabalhador das garantias creditórias ofertadas pela empresa contratante. Com efeito,

não se deve entender a **atividade- meio** como uma das etapas do processo produtivo, mas, sim, como aquela que serve de mero suporte, alheio à **atividade principal da empresa**, o que, a meu ver, não consubstanciava a rotina do Autor. O Reclamante, como captador de clientes, diretamente para a primeira Reclamada, inseria-se no âmbito das **atividades essenciais da empresa**, não se vislumbrando o exercício de serviços especializados, verdadeiramente ligados à atividade-meio da tomadora, mas inerentes à sua própria atividade-fim. Correta, pois, a decisão de Origem, que declarou a nulidade da terceirização e reconheceu o vínculo de emprego diretamente com a tomadora dos serviços. (TRT – 3ª Região – 8ª Turma – RO – 00267-2008-137-03-00-0 – Rel. Márcio Ribeiro do Valle – Data: 2.8.2008)

A terceirização traz uma série de vantagens e desvantagens para a empresa contratante e para a empresa contratada.

Sobre as vantagens para a empresa contratante, pode-se enumerar:

— redução dos níveis hierárquicos e controles;

— aumento dos índices de produtividade;

— transformações dos custos fixos em custos variáveis;

— maior agilidade, flexibilidade e competitividade;

— redução de custo final do produto;

— concentração de esforços na atividade-fim;

— melhoria na imagem institucional;

— liberação de capital imobilizado;

— expansão sem grandes investimentos;

— diminuição dos recursos investidos em infraestrutura;

— controle de qualidade assegurado pelo fornecedor;

— maior eficiência na cadeia produtiva.

Sobre as vantagens para a empresa contratada, pode-se elencar:

— expansão dos negócios;

— aprimoramento da vocação empreendedora;

— maior especialização em seu segmento;

— abertura de novos mercados;

— desenvolvimento da visão a longo prazo;

— desenvolvimento do senso de parceria;

— desenvolvimento gerencial do empresário.

E por fim, são caracterizadas como desvantagens para a empresa contratada:

— resistências e conservadorismo;

— risco de coordenação dos contratos;

— aumento do risco a ser administrado;

— custo de demissões;

— dificuldade de encontrar a parceria ideal;

— demissões na fase inicial;

— conflito com os sindicatos;

— mudanças na estrutura do poder;

— perda do vínculo para com o empregado;

— dificuldade de aproveitamento dos empregados já treinados;

— falta de parâmetros de custos internos;

— desconhecimento da legislação trabalhista;

— falta de cuidado na escolha dos fornecedores;

— aumento da dependência de terceiros;

— perda da identidade cultural da empresa, em longo prazo, por parte dos funcionários.

— risco de desemprego e não absorção da mão de obra na mesma proporção;

Em relação às atividades desenvolvidas através do instituto da terceirização podemos destacar como exemplo a indústria e/ou o comércio. As atividades mais comuns executadas por empresas terceirizadas no interior da empresa cliente são: limpeza, segurança, restaurante, certos tipos de manutenção, construção civil, processamento de dados, transporte, seleção e treinamento de pessoal, serviços contábeis e jurídicos.

Destarte, não se pode terceirizar o que quiser. Permite-se a terceirização em 4 hipóteses, quais sejam;

a) Contratação de serviços de vigilância, de conservação e de limpeza;

b) Fazenda Pública (Administração Pública, Direta, Autarquia, Fundação Pública), salvo Sociedade de Economia Mista e Empresa Pública;

c) Trabalho temporário;

d) Atividade-meio.

Lembre-se que a empresa contratante de serviços poderá terceirizar a mão de obra das suas atividades-meio, ou seja, aquelas que têm a finalidade de auxiliar no resultado final do seu objetivo social, porém os serviços não são classificados como essenciais.

Conclui-se, pois, que a empresa contratante e a empresa prestadora de serviços a terceiros devem desenvolver atividades diferentes e ter finalidades distintas.

Acerca do assunto, a Súmula n. 331 do TST declara:

Súmula n. 331 do TST – CONTRATO DE PRESTAÇÃO DE SERVIÇOS. LEGALIDADE (nova redação do item IV e inseridos os itens V e VI à redação) – Res. n. 174/2011, DEJT divulgado em 27, 30 e 31.5.2011

I – A contratação de trabalhadores por empresa interposta é ilegal, formando-se o vínculo diretamente com o tomador dos serviços, salvo no caso de trabalho temporário (Lei n. 6.019, de 3.1.1974).

II – A contratação irregular de trabalhador, mediante empresa interposta, não gera vínculo de emprego com os órgãos da Administração Pública direta, indireta ou fundacional (art. 37, II, da CF/1988).

III – Não forma vínculo de emprego com o tomador a contratação de serviços de vigilância (Lei n. 7.102, de 20.6.1983) e de conservação e limpeza, bem como a de serviços especializados ligados à atividade-meio do tomador, desde que inexistente a pessoalidade e a subordinação direta.

IV – O inadimplemento das obrigações trabalhistas, por parte do empregador, implica a responsabilidade subsidiária do tomador dos serviços quanto àquelas obrigações, desde que haja participado da relação processual e conste também do título executivo judicial.

V – Os entes integrantes da Administração Pública direta e indireta respondem subsidiariamente, nas mesmas condições do item IV, caso evidenciada a sua conduta culposa no cumprimento das obrigações da Lei n. 8.666, de 21.6.1993, especialmente na fiscalização do cumprimento das obrigações contratuais e legais da prestadora de serviço como empregadora. A aludida responsabilidade não decorre de mero inadimplemento das obrigações trabalhistas assumidas pela empresa regularmente contratada.

VI – A responsabilidade subsidiária do tomador de serviços abrange todas as verbas decorrentes da condenação referentes ao período da prestação laboral.

Precedentes:

Item I

IUJRR 3442/1984, Ac. TP 2208/1986 – Min. Marco Aurélio Mendes de Farias Mello – DJ 10.10.1986 – Decisão por maioria

Item II

RR 62835-48.1992.5.02.5555, Ac. 1ª T. – 2340/1993 – Min. Ursulino Santos – DJ 1º.10.1993 – Decisão unânime

RR 44058-74.1992.5.07.5555, Ac. 1ª T. – 3308/1992 – Min. Afonso Celso – DJ 4.12.1992 – Decisão unânime

RR 42286-78.1991.5.01.5555, Ac. 4ª T. – 2936/1992 – Min. Leonaldo Silva – DJ 12.2.1993 – Decisão unânime

RR 41974-21.1991.5.04.5555, Ac. 4ª T. – 1420/1993 – Min. Marcelo Pimentel – DJ 18.6.1993 – Decisão unânime

RR 35607-78.1991.5.04.5555, Ac. 5ª T. – 1275/1993 – Min. José Ajuricaba da Costa e Silva – DJ 25.6.1993 – Decisão unânime

RR 27568-54.1991.5.09.5555, Ac. 5ª T. – 905/1992 – Min. Antônio Amaral – DJ 19.6.1992 – Decisão por maioria

Item III

ERR 211-52.1990.5.12.5555, Ac. 2333/1993 – Minª. Cnéa Moreira – DJ 3.9.1993 – Decisão por maioria

RR 226-34.1989.5.02.5555, Ac. 1ª T. – 2608/1989 – Min. José Luiz Vasconcellos – DJ 08.09.1989 – Decisão por maioria

RR 43279-06.1992.5.04.5555, Ac. 2ª T. – 631/1993 – Min. João Tezza – DJ 18.6.1993 – Decisão unânime

RR 24086-98.1991.5.09.5555, Ac. 2ª T. – 806/1992 – Min. Vantuil Abdala – DJ 8.5.1992 – Decisão por maioria

RR 45956-68.1992.5.09.5555, Ac. 3ª T. – 5251/1992 – Min. Roberto Della Manna – DJ 6.8.1993 – Decisão unânime

RR 41486-28./1991.5.09.5555, Ac. 3ª T. – 46/1992 – Min. Manoel Mendes de Freitas – DJ 26.3.1993 – Decisão unânime

Item IV

ERR 342300-93.2003.5.02.0202 – Min. Guilherme Augusto Caputo Bastos – DEJT 30.04.2010 – Decisão unânime

ERR 150400-75.2001.5.17.0007 – Min. Lelio Bentes Correa – DEJT 6.8.2010 – Decisão unânime

EEDRR 413100-18.2004.5.02.0201 – Min. Vieira de Mello Filho – DEJT 20.11.2009 – Decisão unânime

EEDRR 1142800-18.2005.5.11.0005 – Min. Lelio Bentes Correa – DEJT 13.3.2009 – Decisão unânime

RR 101600-73.2001.5.01.0035, 5ª T. – Min. Emmanoel Pereira – DEJT 26.6.2009 – Decisão unânime

Item V

IUJRR 297751-31.1996.5.04.5555 – Min. Milton de Moura França – DJ 20.10.2000 – Decisão unânime

EEDRR 25200-85.2008.5.21.0012 – Min. Horácio Raymundo de Senna Pires – DEJT 29.4.2011 – Decisão unânime

ERR 99500-89.2006.5.21.0011 – Min. Aloysio Corrêa da Veiga – DEJT 19.4.2011 – Decisão unânime

ERR 27100-54.2007.5.15.0126 – Min. Horácio Raymundo de Senna Pires – DEJT 18.2.2011 – Decisão unânime

AgERR 6700-51.2009.5.06.0012 – Min. Aloysio Corrêa da Veiga – DEJT 11.2.2011 – Decisão unânime

RR 67400-67.2006.5.15.0102, 1ª T. – Min. Vieira de Mello Filho – DEJT 17.12.2010 – Decisão unânime

RR 26100-08.2005.5.06.0007, 2ª T. – Min. José Roberto Freire Pimenta – DEJT 18.2.2011 – Decisão unânime

AgAIRR 94-95.2010.5.10.0000, 4ª T. – Minª. Maria de Assis Calsing – DEJT 29.4.2011 – Decisão unânime

RR 193800-63.2009.5.12.0019, 8ª T. – Minª. Dora Maria da Costa – DEJT 19.4.2011 – Decisão unânime

Item VI

EEDRR 116440-67.2008.5.02.0083 – Min. Lelio Bentes Corrêa – DEJT 1º.4.2011 – Decisão unânime

EEDRR 47800-51.2007.5.15.0126 – Min. João Batista Brito Pereira – DEJT 20.8.2010 – Decisão unânime

EEDRR 54400-88.2007.5.15.0126 – Min. Aloysio Corrêa da Veiga – DEJT 4.6.2010 – Decisão unânime

EEDRR 21885-84.2005.5.20.0011 – Minª. Rosa Maria Weber Candiota da Rosa – DEJT 30.3.2010 – Decisão unânime

ERR 21500-07.2008.5.21.0011 – Minª. Maria de Assis Calsing – DEJT 19.2.2010 – Decisão unânime

EEDRR 95000-71.2006.5.21.0013 – Min. Vieira de Mello Filho – DEJT 26.2.2010 – Decisão unânime

EEDRR 334500-45.2002.5.12.0016 – Min. Horácio Raymundo de Senna Pires – DEJT 11.12.2009 – Decisão unânime

EEDRR 4400-70.2003.5.01.0302 – Minª. Maria de Assis Calsing – DEJT 18.9.2009 – Decisão unânime

ERR 32600-15.2006.5.10.0017 – Min. Horácio Raymundo de Senna Pires – DEJT 21.8.2009 – Decisão unânime

ERR 23400-17.2006.5.10.0006 – Minª. Rosa Maria Weber Candiota da Rosa – DEJT 7.8.2009 – Decisão unânime

EEDRR 80800-12.2006.5.05.0011 – Min. Lelio Bentes Corrêa – DEJT 12.6.2009 – Decisão unânime

EEDRR 92700-26.2004.5.01.0026 – Min. Horácio Raymundo de Senna Pires – DEJT 5.6.2009 – Decisão unânime

EEDRR 105400-73.2006.5.12.0053 – Minª. Maria Cristina Irigoyen Peduzzi – DEJT 22.5.2009 – Decisão unânime

ERR 18800-11.2006.5.10.0019 – Min. Guilherme Augusto Caputo Bastos – DEJT 6.3.2009 – Decisão unânime

ERR 16900-32.2006.5.10.0006 – Minª. Maria de Assis Calsing – DEJT 5.12.2008 – Decisão unânime

EEDRR 28100-28.2007.5.03.0028 – Min. Aloysio Corrêa da Veiga – DEJT 17.10.2008 – Decisão unânime

ERR 37600-44.2006.5.10.0001 – Min. Horácio Raymundo de Senna Pires – DEJT 3.10.2008 – Decisão unânime

EEDRR 21740-32.2004.5.10.0014 – Min. João Batista Brito Pereira – DJ 19.9.2008 – Decisão unânime

ERR 3114200-43.2002.5.09.0900 – Min. Lelio Bentes Corrêa – DJ 19.9.2008 – Decisão unânime

ERR 15400-80.2006.5.10.0021 – Min. Guilherme Augusto Caputo Bastos – DJ 16.5.2008 – Decisão unânime

ERR 49800-66.2004.5.20.0004 – Min. Vantuil Abdala – DJ 9.5.2008 – Decisão unânime

ERR 66700-38.2004.5.15.0013 – Minª. Maria de Assis Calsing – DJ 9.11.2007 – Decisão unânime

EEDRR 30140-87.2005.5.02.0025 – Minª. Dora Maria da Costa – DJ 19.10.2007 – Decisão unânime

EEDRR 134400-56.2003.5.04.0018 – Min. Aloysio Corrêa da Veiga – DJ 5.10.2007 – Decisão unânime

ERR 441368-08.1998.5.03.5555 – Minª. Maria Cristina Irigoyen Peduzzi – DJ 6.12.2002 – Decisão unânime

ERR 411020-73.1997.5.09.5555 – Minª. Maria Cristina Irigoyen Peduzzi – DJ 22.11.2002 – Decisão unânime

ERR 563273-16.1999.5.04.5555 – Min. Carlos Alberto Reis de Paula – DJ 27.10.2000 – Decisão unânime

RR 161100-50.2004.5.03.0022, 1ª T. – Min. Vieira de Mello Filho – DEJT 30.4.2010 – Decisão unânime

RR 18100-56.2006.5.10.0012, 2ª T. – Min. Renato de Lacerda Paiva – DEJT 15.10.2010 – Decisão unânime

RR 32500-69.2007.5.15.0087, 2ª T. – Min. Guilherme Augusto Caputo Bastos – DEJT 15.10.2010 – Decisão unânime

RR 15400-22.2006.5.10.0008, 2ª T. – Min. Vantuil Abdala – DJ 2.5.2008 – Decisão unânime

RR 11653-17.2010.5.04.0000, 3ª T. – Min. Alberto Luiz Bresciani de Fontan Pereira – DEJT 28.10.2010 – Decisão unânime

RR 462000-79.2008.5.12.0050, 4ª T. – Min. Fernando Eizo Ono – DEJT 8.10.2010 – Decisão unânime

RR 14200-85.2008.5.21.0013, 4ª T. – Minª. Maria de Assis Calsing – DEJT 6.8.2010 – Decisão unânime

RR 127240-65.2007.5.04.0009, 5ª T. – Min. Emmanoel Pereira – DEJT 28.5.2010 – Decisão unânime

RR 144700-93.2006.5.12.0036, 6ª T. – Min. Horácio Raymundo de Senna Pires – DEJT 13.2.2009 – Decisão unânime

RR 96040-79.2004.5.01.0057, 7ª T. – Min. Pedro Paulo Manus – DEJT 3.12.2010 – Decisão unânime

RR 113540-76.2009.5.03.0042, 8ª T. – Minª. Maria Cristina Irigoyen Peduzzi – DEJT 1º.4.2011 – Decisão unânime

Histórico:

Súmula mantida – Res. n. 121/2003, DJ 19, 20 e 21.11.2003 – Súmula alterada (inciso IV) – Res. n. 96/2000, DJ 18, 19 e 20.09.2000

N. 331 (...)

IV – O inadimplemento das obrigações trabalhistas, por parte do empregador, implica a responsabilidade subsidiária do tomador dos serviços, quanto àquelas obrigações, inclusive quanto aos órgãos da administração direta, das autarquias, das fundações públicas, das empresas públicas e das sociedades de economia mista, desde que hajam participado da relação processual e constem também do título executivo judicial (art. 71 da Lei n. 8.666, de 21.6.1993).

Redação original (revisão da Súmula n. 256) – Res. 23/1993, DJ 21, 28.12.1993 e 04.01.1994

N. 331 (...)

II – A contratação irregular de trabalhador, através de empresa interposta, não gera vínculo de emprego com os órgãos da Administração Pública Direta, Indireta ou Fundacional (art. 37, II, da Constituição da República).

(...)

IV – O inadimplemento das obrigações trabalhistas, por parte do empregador, implica na responsabilidade subsidiária do tomador dos serviços, quanto àquelas obrigações, desde que hajam participado da relação processual e constem também do título executivo judicial.

É importante se ater na disposição do inciso I da referida Súmula, sobre o trabalho temporário, regido pela Lei n. 6.019/74, caracterizado por aquele prestado por pessoa física, com a finalidade de atender à necessidade transitória de uma empresa, necessidade esta representada pela substituição de seu pessoal regular e permanente, ou por acréscimo extraordinário de serviços, como ocorre na época natalina, quando a contratação de funcionários aumenta em função da demanda de trabalho, ou ainda, na época da páscoa, onde a contratação sofre o mesmo efeito em função da contratação de trabalhadores temporários para confeccionar ovos de páscoa.

Enfim, o trabalho temporário não poderá ser caracterizado como trabalho terceirizado, uma vez que o temporário se subordina ao poder disciplinar, técnico e diretivo da empresa cliente, prestando serviços junto com os empregados desta.

Jurisprudência:

> TERCEIRIZAÇÃO. CONTRATO DE TRABALHO TEMPORÁRIO. É consabido que, em regra, o prestador de serviço vincula-se diretamente ao tomador. Entre as exceções da pactuação direta, tem-se o contrato de trabalho temporário, regulado pela Lei n. 6.019/74, que prescreve as circunstâncias em que a empresa tomadora pode contratar trabalhadores através de outra empresa. O desrespeito aos requisitos exigidos pela legislação especial, leva à ilicitude da terceirização, autorizando a formação do vínculo de emprego diretamente com o tomador dos serviços, consoante prescreve a Súmula n. 331, I, do Colendo TST. (TRT – 3ª Região – 2ª Turma – RO – 00482-2006-106-03-001. Rel. convocado Paulo Maurício Ribeiro Pires – Data: 30.1.2008)

Ainda pairam dúvidas quanto à caracterização de determinadas funções, como é o caso do funcionário que presta serviços de processamento de dados a bancos. Porém, a Súmula n. 239 do TST esclarece que é bancário o empregado de empresa de processamento de dados que presta serviço a banco integrante do mesmo grupo econômico, exceto quando a empresa de processamento de dados presta serviços a banco e a empresas não bancárias do mesmo grupo econômico ou a terceiros.

3.2. Contrato de prestação de serviço

O Código Civil é que trata da relação entre a empresa de prestação de serviços a terceiros e a empresa contratante.

Quem contrata, remunera e dirige o trabalho realizado por seus empregados é a empresa de prestação de serviços a terceiros, e estes não estão subordinadas ao poder diretivo, técnico e disciplinar da empresa contratante, que não poderá desvirtuar a atividade do empregado para o qual o mesmo fora contratado pela empresa de prestação de serviços a terceiros.

Contudo, prima em mencionar que, na relação entre as empresas do mesmo grupo econômico, onde a prestação de serviços se dê junto a uma delas, o vínculo empregatício se estabelece entre a contratante e o trabalhador colocado à sua disposição.

Em consonância com a Lei de Licitações n. 8.666/93, o contrato aprazado entre a empresa prestadora de serviços de terceiros e pessoa jurídica de direito público é tipicamente administrativo, com direitos iminentemente civis.

3.3. Descaracterização da terceirização

A caracterização do vínculo empregatício deve necessariamente preencher os requisitos do SHOPP (método mnemônico), isto é, deve existir a subordinação, a continuidade, a onerosidade, a pessoalidade e que o empregado seja pessoa física. Preenchidos esses requisitos na contratação de determinado serviço terceirizado e à luz do instituto da terceirização, o vínculo empregatício entre o prestador do serviço e a empresa contratante fica caracterizado, e, portanto, estamos diante de uma terceirização ilícita e fraudulenta. A fraude somente se caracteriza quando a empresa contratante tem os trabalhadores terceirizados sob sua subordinação ou os serviços prestados são inerentes à sua atividade-fim.

Entretanto, atualmente existe outra forma de fraude, decorrente de uma determinada atividade terceirizada, mediante constituição de empresa prestadora de serviços, cuja prestação de serviços é realizada pelos trabalhadores de antes. Ou seja, é o caso típico de quando a empresa demite seus empregados e simultaneamente sugere que os mesmos formem uma empresa de prestação de serviços, a qual irá prestar serviços para aquela de onde os funcionários foram demitidos. Assim nada muda, salvo o vínculo empregatício que deixou de existir, porquanto os empregados continuarão subordinados ao antigo empregador e prestando serviço sem qualquer autonomia, caracterizando, com isso, a fraude na terceirização.

Para tanto, a fiscalização do trabalho deve observar as tarefas executadas pelo trabalhador da empresa de prestação de serviços, a fim de constatar se esta não está ligada à atividade-fim da contratante, com efeito de coibir a fraude na prestação de serviço.

Jurisprudência:

TERCEIRIZAÇÃO ILÍCITA – VÍNCULO DE EMPREGO DIRETAMENTE COM O TOMADOR DOS SERVIÇOS. Conforme entendimento consolidado na Súmula n. 331, item III, do TST, o vínculo de emprego é formado diretamente com o tomador de serviços quando for comprovado que o trabalhador foi contratado por empresa intermediária para exercer função relacionada à atividade-fim da tomadora, caracterizando hipótese de terceirização ilícita. INDENIZAÇÃO. DANOS MORAIS. ATOS DISCRIMINATÓRIOS. Defluindo dos autos o erro de conduta do empregador consubstanciado em atos pejorativos e humilhantes dirigidos ao empregado em razão de sua orientação sexual, fica em evidência o prejuízo suportado, com ofensa à honra e dignidade da vítima, bem como o nexo de causalidade entre a conduta ilícita e o dano, o que torna devida a reparação deste último. (TRT – 3ª Região – 6ª Turma – RO – 00965-2007-006-03-00-9 – Rel. convocado Fernando Antonio Viegas Peixoto – Data: 20.7.2009)

LEI GERAL DE TELECOMUNICAÇÕES. TERCEIRIZAÇÃO ILÍCITA. IMPOSSIBILIDADE DE INTERMEDIAÇÃO PARA EXECUÇÃO DE ATIVIDADE-FIM DA TOMADORA. FORMAÇÃO DE VÍNCULO DIRETO COM O BENEFICÁRIO DA MÃO DE OBRA. A contratação terceirizada, por si só, não representa violação direta à legislação trabalhista, quando permite o repasse das atividades periféricas e/ou extraordinárias, promovendo com isto um incremento na oferta de postos de trabalho os quais, se a princípio são precários, podem vir a se tornar efetivos. Entretanto, quando se verifica que os serviços terceirizados estão intrinsecamente ligados à atividade-fim da tomadora, desvirtua-se o instituto, que não pode e nem deve servir de instrumento para alijar o empregado das garantias creditórias ofertadas por estas empresas que, geralmente, ostentam maior solidez econômico-financeira em relação às prestadoras de mão de obra. Se a empresa cliente, através da fornecedora de mão de obra, não contratou serviços especializados ligados à sua atividade-meio, mas à sua atividade essencial, impõe-se, com supedâneo no art. 9º da CLT e na Súmula n. 331, I, TST, a declaração da nulidade da aludida intermediação e a formação do vínculo diretamente com a tomadora dos serviços, situação que absolutamente não se altera, sequer ao enfoque da Lei Geral de Telecomunicações, reguladora das relações civis e administrativas da concessionária prestadora de serviços de telefonia, sendo inoponível aos trabalhadores que, direta ou indiretamente, contribuam com a consecução dos fins empresariais. As consequências trabalhistas da terceirização são reguladas por ramo específico do Direito, norteado por princípios próprios, não impressionando a autorização contida na Lei n. 9.472/97, quanto à terceirização levada a efeito, pois esta dispõe sobre a organização dos serviços de telecomunicações e, em seu art. 60, apenas define o serviço de telecomunicações como sendo o conjunto de atividades que possibilita a sua oferta de telecomunicação, não trazendo qualquer rol taxativo da atividade-fim de empresas concessionárias deste serviço. (TRT – 3ª Região – 4ª Turma – RO – 00409-2007-009-03-00-1 – Rel. Júlio Bernardo do Carmo – Data: 29.3.2008)

3.4. Responsabilidade e obrigação trabalhista

As relações entre a empresa de prestação de serviços a terceiros e seus empregados são regidas pela CLT. Portanto, as empresas de prestação de serviços a terceiros estão obrigadas a cumprir as normas pertinentes à relação de emprego previstas na CLT, devendo, também, seguir a rotina de admissão e demissão que é cumprida pelas empresas, de modo que seus empregados façam jus a todos os direitos previstos na legislação trabalhista, tais como: férias, 13º salário, repouso semanal remunerado, horas extras, adicional noturno, licença-maternidade, licença-paternidade, jornada de trabalho de 8 horas diárias e 44 horas semanais, salvo as categorias com jornada especial, dentre outras.

Além disso, devem providenciar o registro de seus empregados com a devida anotação na CTPS, possuir Livro de Inspeção do Trabalho, providenciar o cadastramento no PIS para os empregados não cadastrados, enviar o CAGED — Cadastro Geral de Empregados e Desempregados, entregar anualmente a RAIS — Relação Anual de Informações Sociais, entregar aos empregados demitidos sem justa causa o formulário do seguro-desemprego, observar as normas de Saúde e Segurança do Trabalho, fornecer o vale-transporte e observar os instrumentos coletivos das categorias, quando existentes, dentre outros.

A empresa tomadora responde subsidiariamente pelo inadimplemento das obrigações trabalhistas pelo empregador. Isso quer dizer que se a prestadora do serviço não cumprir suas obrigações para com os empregados, a tomadora (que a princípio não tem relação de emprego com o trabalhador) passa a responder por tais obrigações (Súmula n. 331 do TST e OJ n. 191 da SDI-I do TST).

Assim, sugere-se que além de escolher corretamente a empresa prestadora de serviços, o tomador do serviço deve monitorá-la mês a mês para garantir o cumprimento da lei.

Novas regras com a reforma trabalhista acerca da terceirização

A empresa não pode contratar como prestador de serviço uma companhia que tenha como sócio uma pessoa que foi seu funcionário nos últimos 18 meses. Na prática, isso impede que uma empresa force seus trabalhadores a se tornarem pessoas jurídicas (PJ) para contratá-los como empresa e não arcar com as obrigações trabalhistas.

O empregado que for demitido não poderá ser contratado por empresa prestadora de serviços e atuar como funcionário terceirizado da sua antiga empregadora. O prazo de carência para a contratação é também de 18 meses. A proposta dificulta que uma empresa repasse sua equipe para uma companhia terceirizada.

A lei também prevê que o funcionário terceirizado terá o mesmo acesso às instalações da empresa em que trabalham que os funcionários contratados pela companhia.

Eles terão, portanto, direito às mesmas condições de alimentação no refeitório da empresa em que trabalham, serviços de transporte, ambulatórios e sanitários.

Caso a atividade exija procedimentos e equipamentos de segurança, eles também deverão ser os mesmos para os terceirizados.

A regra não contempla benefícios como vale-alimentação ou plano de saúde, que podem ser diferentes e são acertados com cada empregador.

Segue o texto de lei sobre o assunto:

Art. 2º A Lei n. 6.019, de 3 de janeiro de 1974, passa a vigorar com as seguintes alterações:

"Art. 4º-A. Considera-se prestação de serviços a terceiros a transferência feita pela contratante da execução de quaisquer de suas atividades, inclusive sua atividade principal, à pessoa jurídica de direito privado prestadora de serviços que possua capacidade econômica compatível com a sua execução.

(...)" (NR)

"Art. 4º-C. São asseguradas aos empregados da empresa prestadora de serviços a que se refere o art. 4º-A desta Lei, quando e enquanto os serviços, que podem ser de qualquer uma das atividades da contratante, forem executados nas dependências da tomadora, as mesmas condições:

I – relativas a:

a) alimentação garantida aos empregados da contratante, quando oferecida em refeitórios;

b) direito de utilizar os serviços de transporte;

c) atendimento médico ou ambulatorial existente nas dependências da contratante ou local por ela designado;

d) treinamento adequado, fornecido pela contratada, quando a atividade o exigir.

II – sanitárias, de medidas de proteção à saúde e de segurança no trabalho e de instalações adequadas à prestação do serviço.

§ 1º Contratante e contratada poderão estabelecer, se assim entenderem, que os empregados da contratada farão jus a salário equivalente ao pago aos empregados da contratante, além de outros direitos não previstos neste artigo.

§ 2º Nos contratos que impliquem mobilização de empregados da contratada em número igual ou superior a 20% (vinte por cento) dos empregados da contratante, esta poderá disponibilizar aos empregados da contratada os serviços de alimentação e atendimento ambulatorial em outros locais apropriados e com igual padrão de atendimento, com vistas a manter o pleno funcionamento dos serviços existentes."

"Art. 5º-A. Contratante é a pessoa física ou jurídica que celebra contrato com empresa de prestação de serviços relacionados a quaisquer de suas atividades, inclusive sua atividade principal.

(...)" (NR)

"Art. 5º-C. Não pode figurar como contratada, nos termos do art. 4º-A desta Lei, a pessoa jurídica cujos titulares ou sócios tenham, nos últimos dezoito meses, prestado serviços à contratante na qualidade de empregado ou trabalhador sem vínculo empregatício, exceto se os referidos titulares ou sócios forem aposentados.

"Art. 5º-D. O empregado que for demitido não poderá prestar serviços para esta mesma empresa na qualidade de empregado de empresa prestadora de serviços antes do decurso de prazo de dezoito meses, contados a partir da demissão do empregado."

Jurisprudência:

TERCEIRIZAÇÃO – RESPONSABILIDADE SUBSIDIÁRIA – ABRANGÊNCIA – TOTALIDADE DAS VERBAS DEFERIDAS. A responsabilização pelo pagamento de verbas trabalhistas dá-se em razão da existência de uma relação jurídica, entre as empresas contratantes. O inadimplemento das verbas, independentemente de sua natureza, pela empresa prestadora de serviços, implica na responsabilização da empresa tomadora por uma razão bem simples: fora ela quem se beneficiou, diretamente, da força de trabalho. É, exatamente, por isso, que não se pode limitar ou restringir a responsabilidade do tomador a determinadas parcelas, porque, a rigor, não se pode falar em verbas principais. Aferida a dívida do devedor principal, em decorrência de mau pagamento de verbas trabalhistas, a condenação subsidiária do tomador de serviços, no cumprimento das obrigações da empresa prestadora, é uma imposição jurídica, não se discutindo a natureza de cada parcela deferida, porque todas decorrem, exclusivamente, da prestação laboral, num único contrato de trabalho. (TRT – 3ª Região – 1ª Turma – RO – 00825-2008-097-03-00-3 – Rel. Manuel Cândido Rodrigues – Data: 15.5.2009).

DECISÃO DO SUPREMO TRIBUNAL FEDERAL SOBRE TERCEIRIZAÇÃO

O Supremo Tribunal Federal decidiu que é lícita a terceirização em todas as etapas do processo produtivo, seja meio ou fim. Ao julgar a Arguição de Descumprimento de Preceito Fundamental (ADPF) n. 324 e o Recurso Extraordinário (RE) n. 958252, com repercussão geral reconhecida, sete ministros votaram a favor da terceirização de atividade-fim e quatro contra.

A tese de repercussão geral aprovada no RE foi a seguinte: "É lícita a terceirização ou qualquer outra forma de divisão do trabalho entre pessoas jurídicas distintas, independentemente do objeto social das empresas envolvidas, mantida a responsabilidade subsidiária da empresa contratante".

Na sessão desta quinta-feira votaram o ministro Celso de Mello e a presidente do STF, ministra Cármen Lúcia. Para o decano, os eventuais abusos cometidos na terceirização devem ser reprimidos pontualmente, "sendo inadmissível a criação de obstáculos genéricos a partir da interpretação inadequada da legislação constitucional e infraconstitucional em vigor, que resulte na obrigatoriedade de empresas estabelecidas assumirem a responsabilidade por todas as atividades que façam parte de sua estrutura empresarial".

O ministro Celso de Mello apontou que o movimento na Justiça Trabalhista, sobretudo com a proliferação de demandas coletivas para discutir a legalidade da terceirização, implica redução das condições de competitividade das empresas. "O custo da estruturação de sua atividade empresarial aumenta e, por consequência, o preço praticado no mercado de consumo também é majorado, disso resultando prejuízo para sociedade como um todo, inclusive do ponto de vista da qualidade dos produtos e serviços disponibilizados", ponderou.

O decano citou ainda dados estatísticos que comprovam o aumento de vagas no mercado formal em decorrência do aumento da terceirização em empresas dos mais diversos segmentos econômicos. "O impedimento absoluto da terceirização trará prejuízos ao trabalhador, pois certamente implicará a redução dos postos de trabalho formal criados em decorrência da ampliação da terceirização nos últimos anos", destacou.

A presidente do Supremo destacou que a terceirização não é a causa da precarização do trabalho nem viola por si só a dignidade do trabalho. "Se isso acontecer, há o Poder Judiciário para impedir os abusos. Se não permitir a terceirização garantisse por si só o pleno emprego, não teríamos o quadro brasileiro que temos nos últimos anos, com esse número de desempregados", salientou.

Para a ministra Cármen Lúcia, a garantia dos postos de trabalho não está em jogo, mas sim uma nova forma de pensar em como resolver a situação de ter mais postos de trabalho com maior especialização, garantindo a igualdade entre aqueles que prestam o serviço sendo contratados diretamente e os contratados de forma terceirizada. "Com a proibição da terceirização, as empresas poderiam deixar de criar postos de trabalho", afirmou.

Em sessões anteriores, os ministros Luís Roberto Barroso (relator da ADPF), Luiz Fux (relator do RE), Alexandre de Moraes, Dias Toffoli e Gilmar Mendes já haviam votado nesse sentido, julgando procedente a ADPF e dando provimento ao RE. Divergiram desse entendimento os ministros Edson Fachin, Rosa Weber, Ricardo Lewandowski e Marco Aurélio.

2ª Parte

Prática e Exercícios Laborais Acerca do Tema

Ginástica Laboral

Vários materiais podem ser utilizados na ginaática laboral:

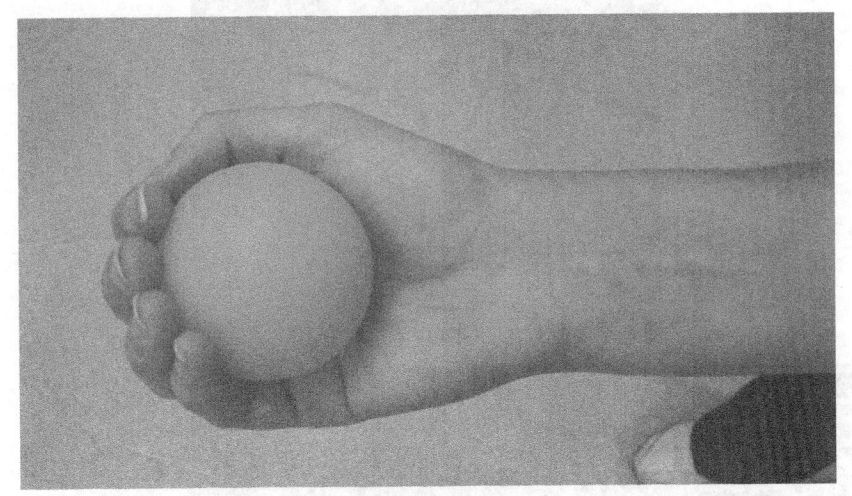

Bolinhas

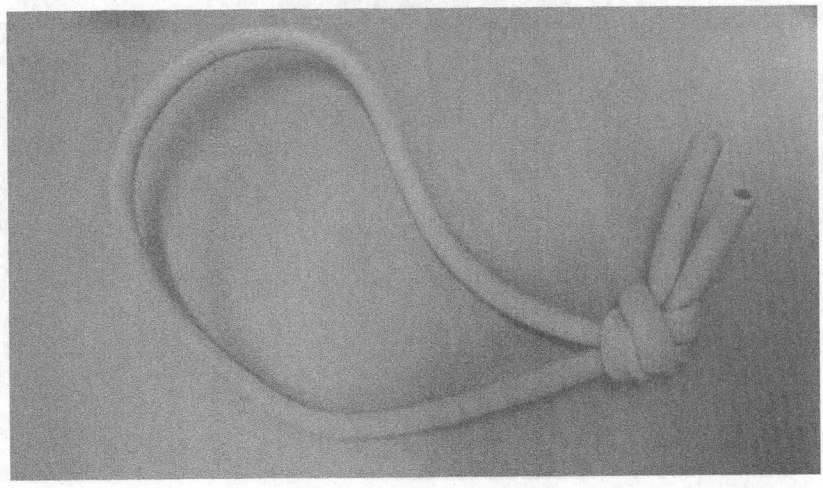

Garrotes, *Thera Band*, elásticos.

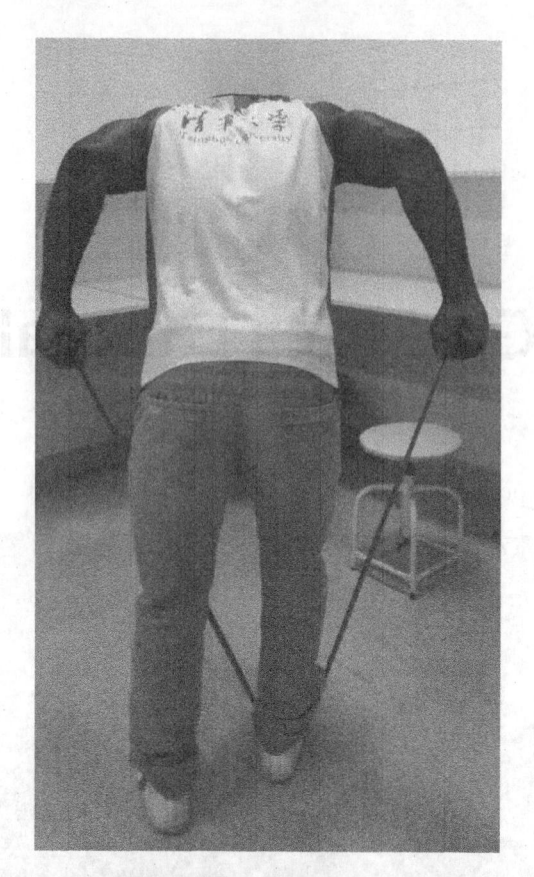

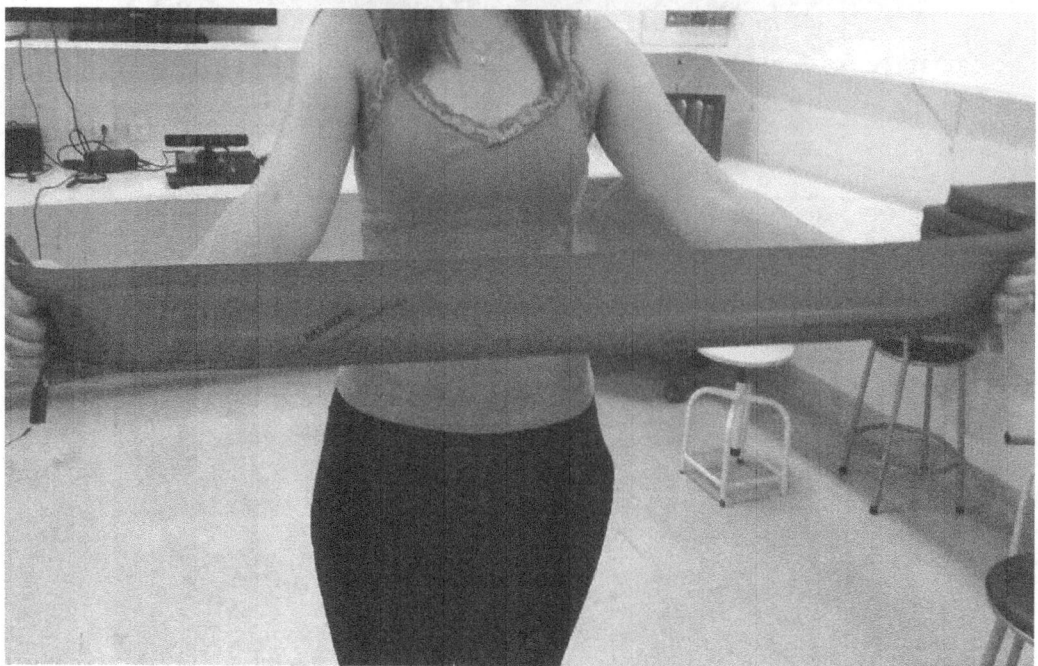

Elásticos

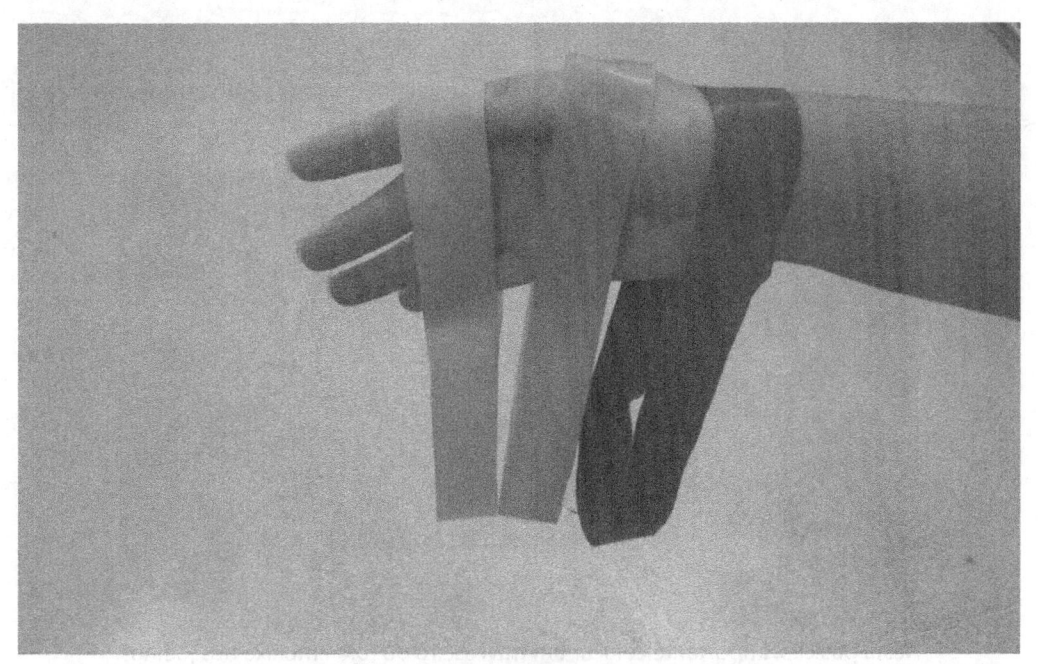

Elásticos

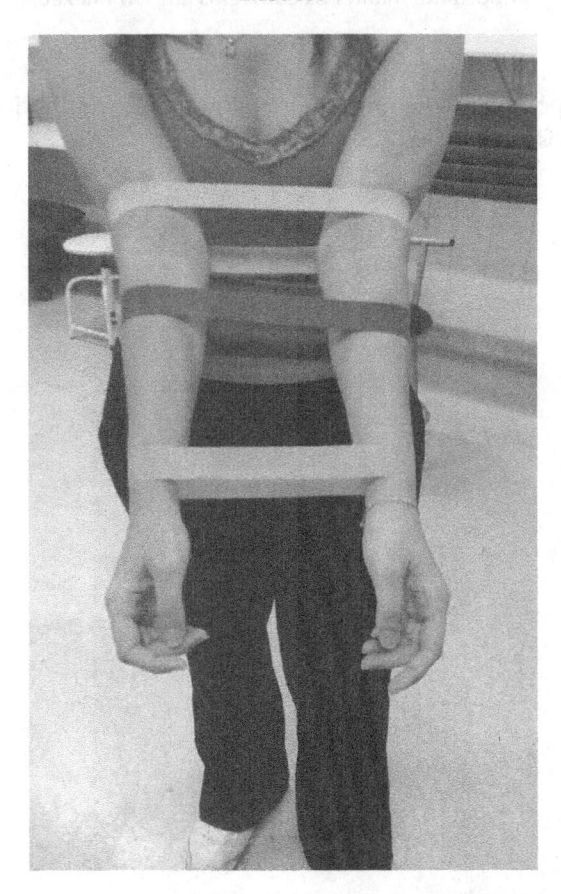

A Nova Segurança e Medicina do Trabalho 67

Bastão

Os bastões são muito utilizados tanto para exercícios no solo como em pé; no solo ele se torna importante para controle da postura e ciclo respiratório.

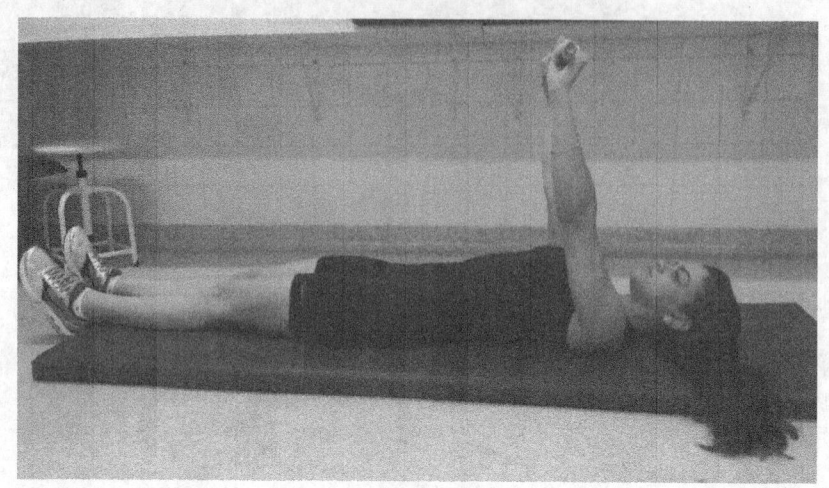

Nesta posição, importante colocar um travesseiro ou rolo embaixo dos joelhos. Importante manter os cotovelos em semi-flexão.

Em pé

Exercícios em pé, o bastão é importante para manter equilíbrio, principalmente em indivíduos sedentários ou idosos.

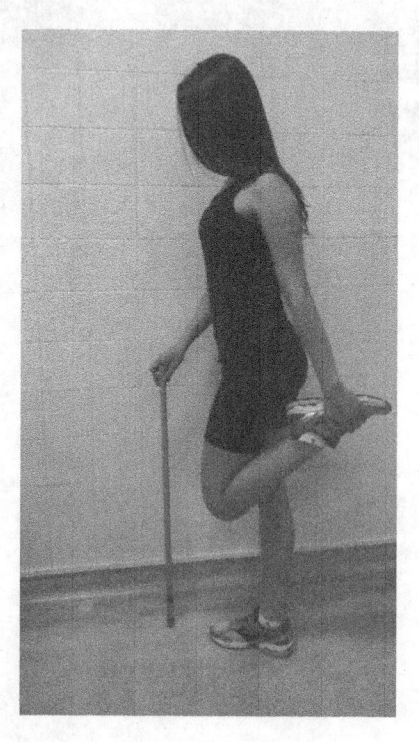

Bexigas

Alguns materiais são de caráter lúdico para exercícios laborais. A bexiga pode ser usada com frequência e diversidades de exercícios lúdicos.

Colchonete

São de suma importância nos trabalhos de solo, para que o indivíduo se sinta confortável, e também podem ser utilizados nos exercícios de relaxamento e volta à calma.

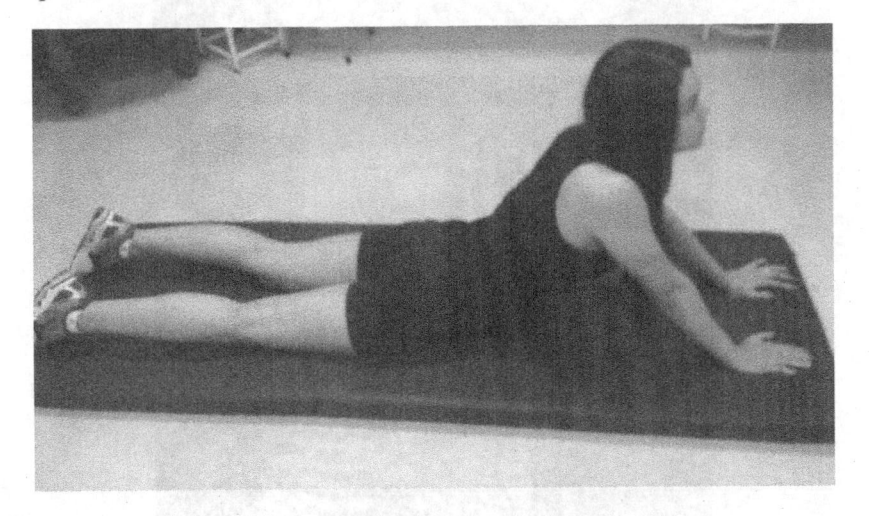

Bola suíça

A bola suíça é utilizada com frequência para exercícios, não só laborais, mas também nas práticas de exercícios diários, principalmente para exercícios relacionados à coluna vertebral.

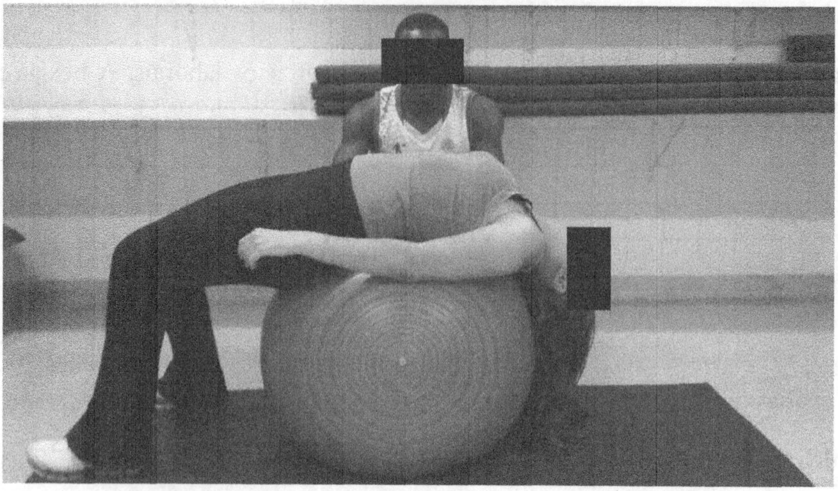

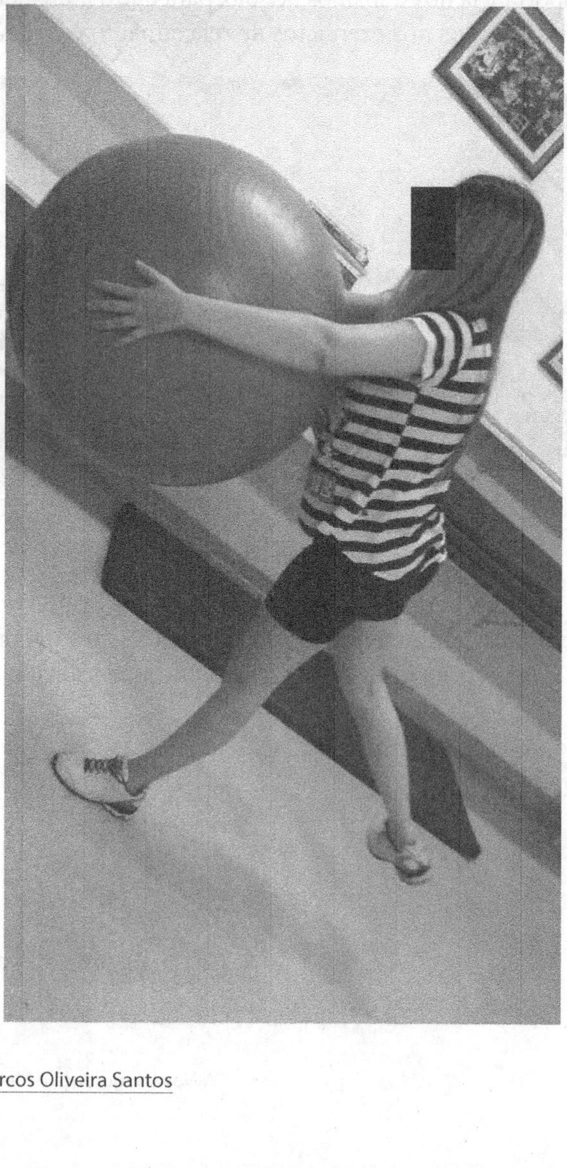

Rolo

Material muito utilizado hoje no mundo esportivo para técnicas miofasciais, que pode ser introduzido nas ginásticas laborais.

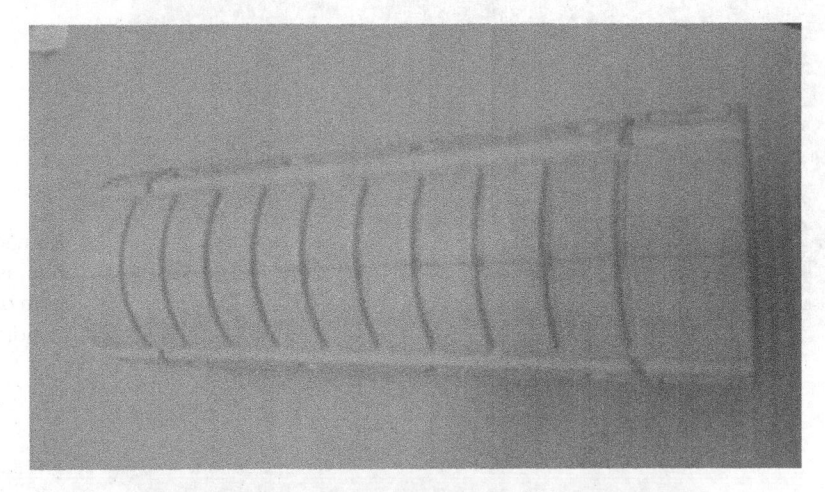

Exercício miofascial para o músculo piriforme

Exercício miofascial para os músculos isquiotibiais

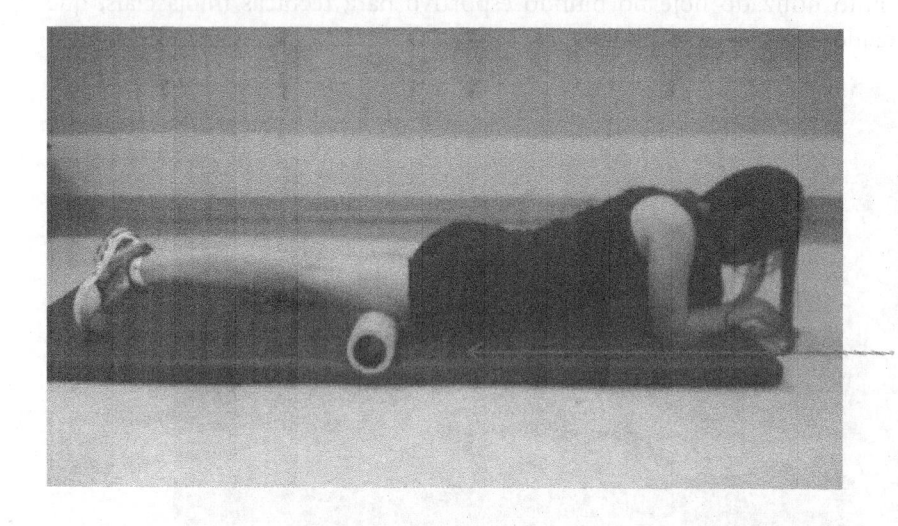

Exercício miofascial para o músculo quadríceps

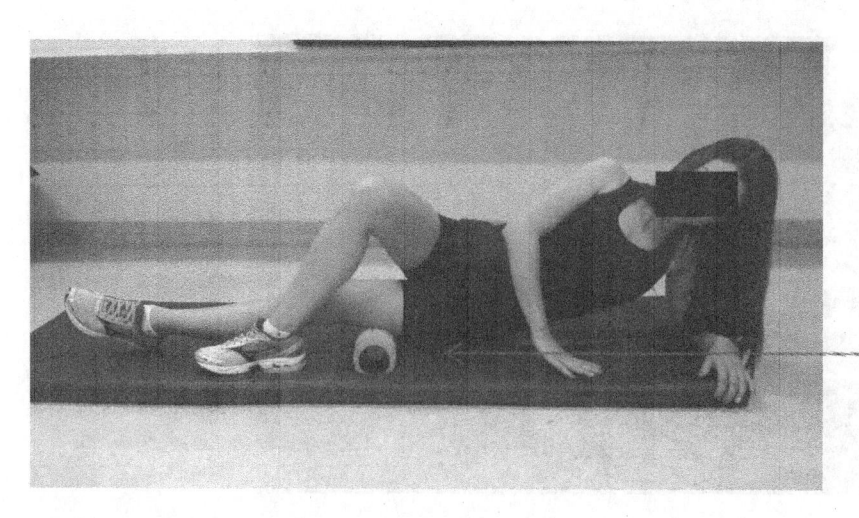

Exercício miofascial para os músculos da banda iliotibial

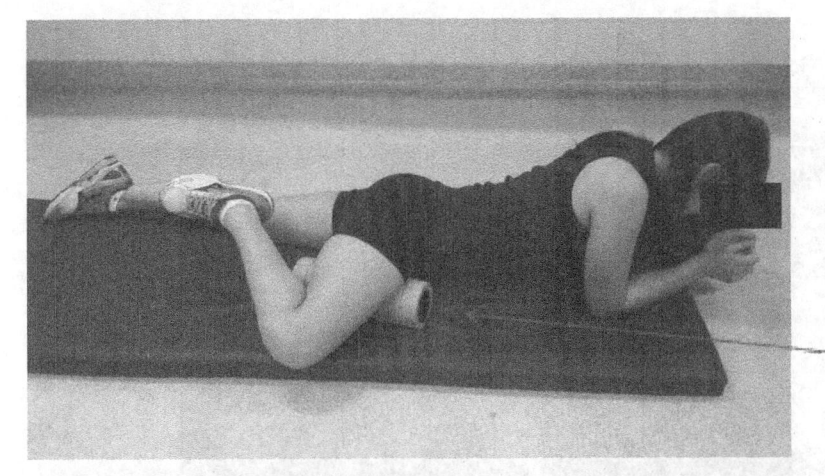

Exercícios miofasciais para os músculos adutores da coxa.

Exercícios miofasciais para os músculos dorsais.

Posições de execução da ginástica laboral

Na realidade, a ginástica laboral pode ser executada de várias formas ou posições. Abaixo segue algumas sugestões:

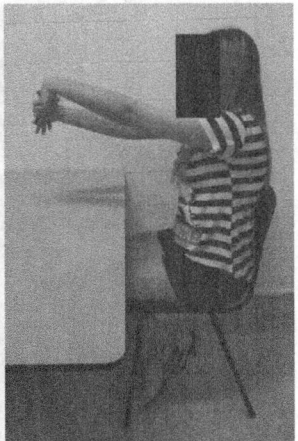

Sentado

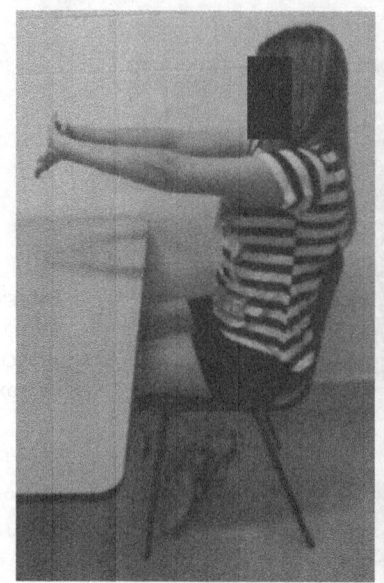

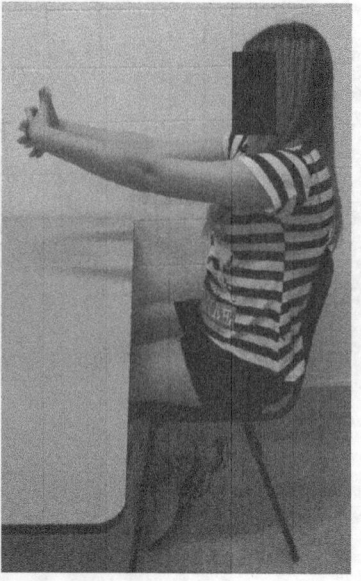

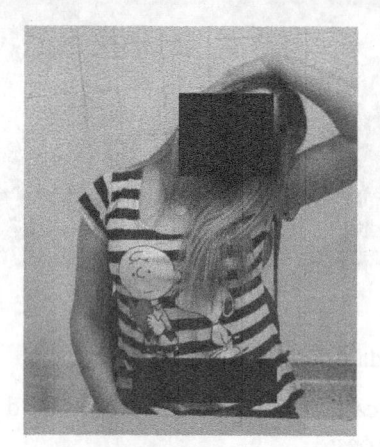

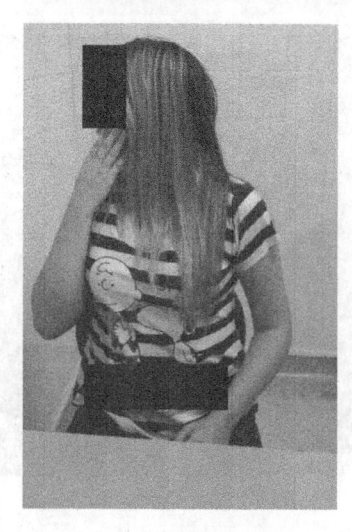

74 Gleibe Pretti e Marcos Oliveira Santos

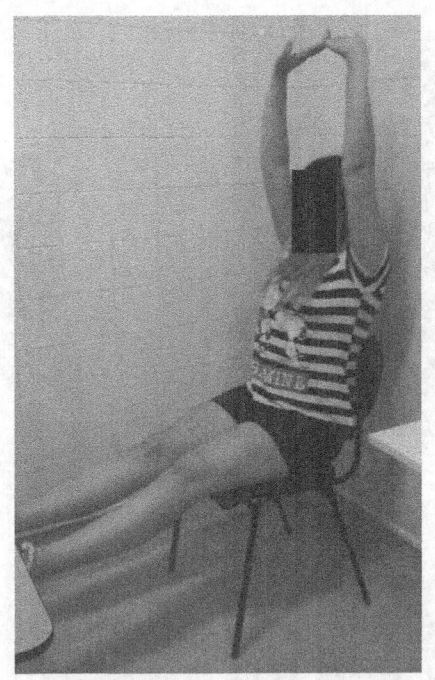

Na imagem o ideal que o assento da cadeira terminasse na fossa poplítea do joelho.

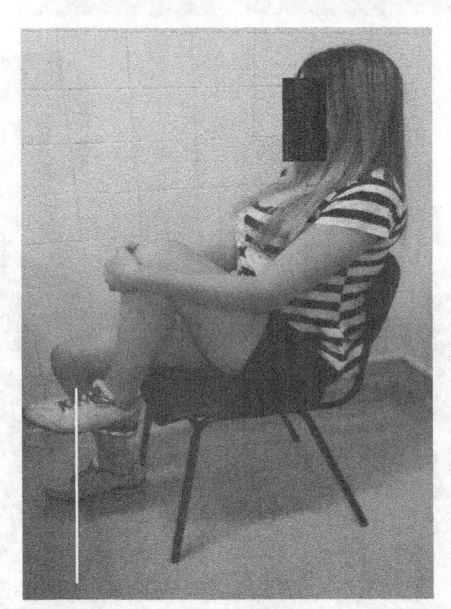

A regulagem da altura da cadeira também é importante. Na imagem acima mostra através do traçado branco como deveria estar alinhado o membro do indivíduo.

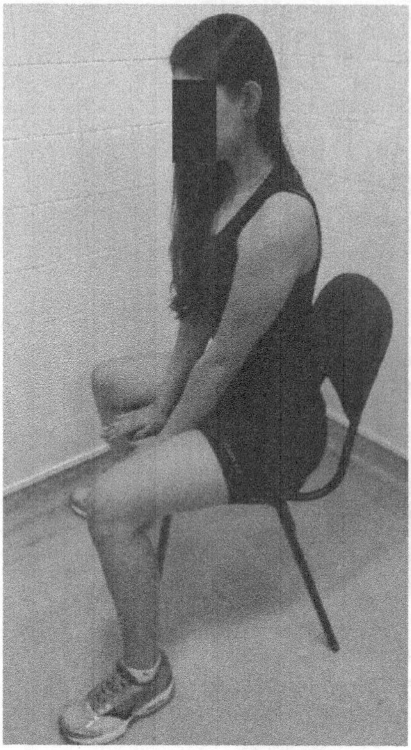
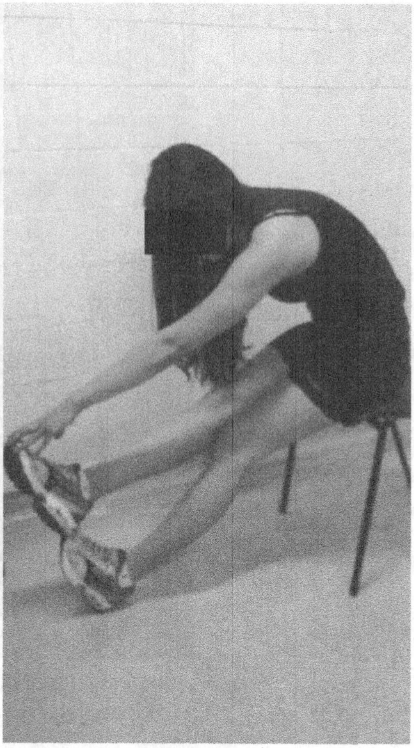
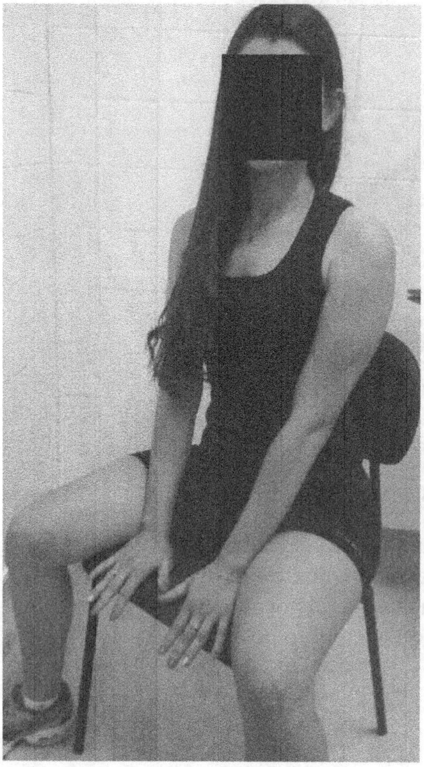
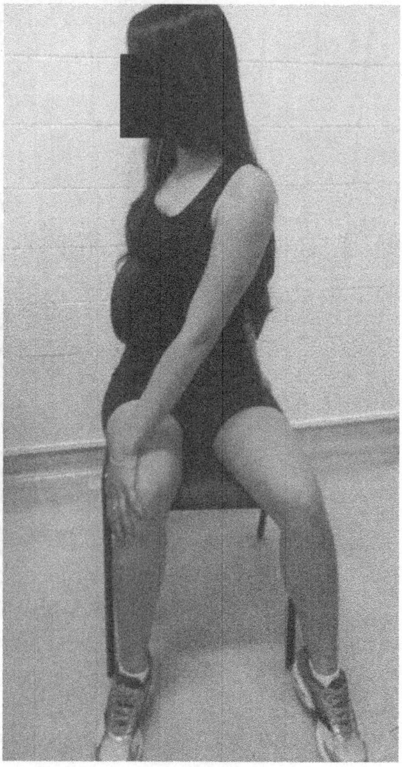

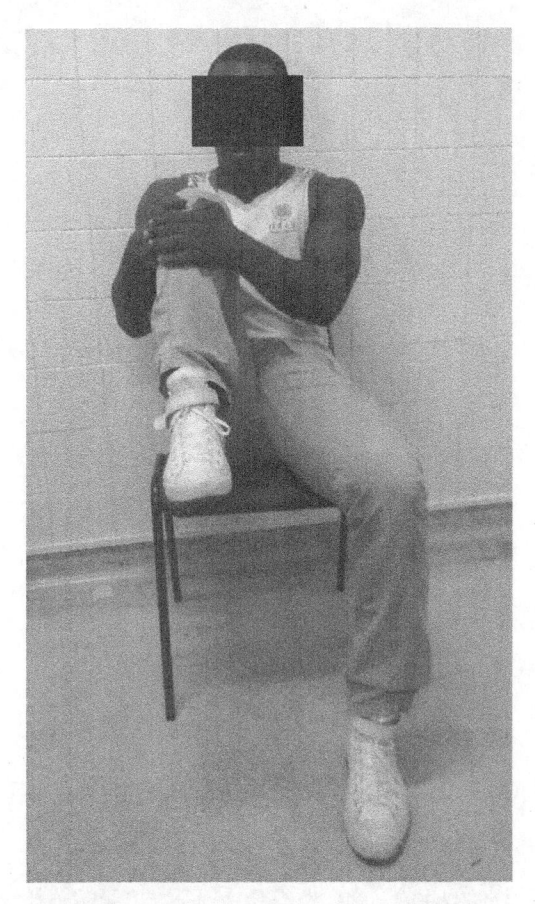

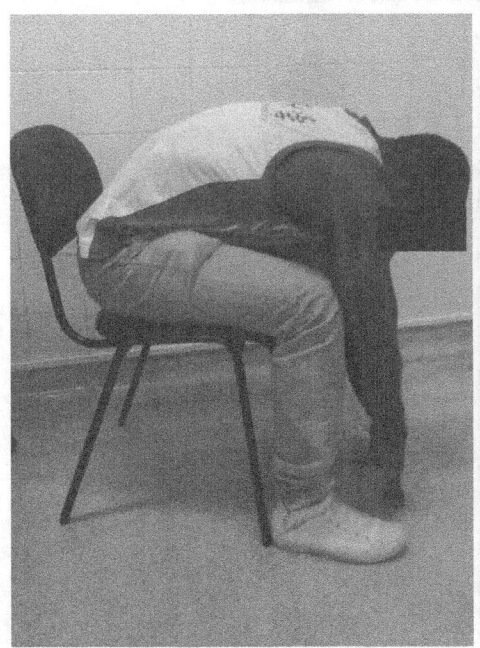

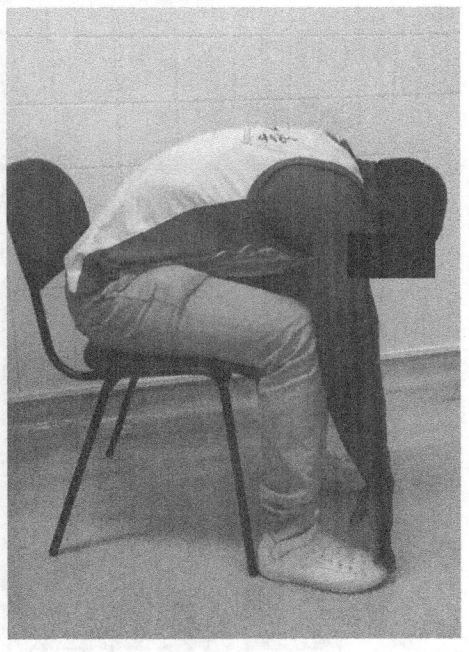

A Nova Segurança e Medicina do Trabalho 77

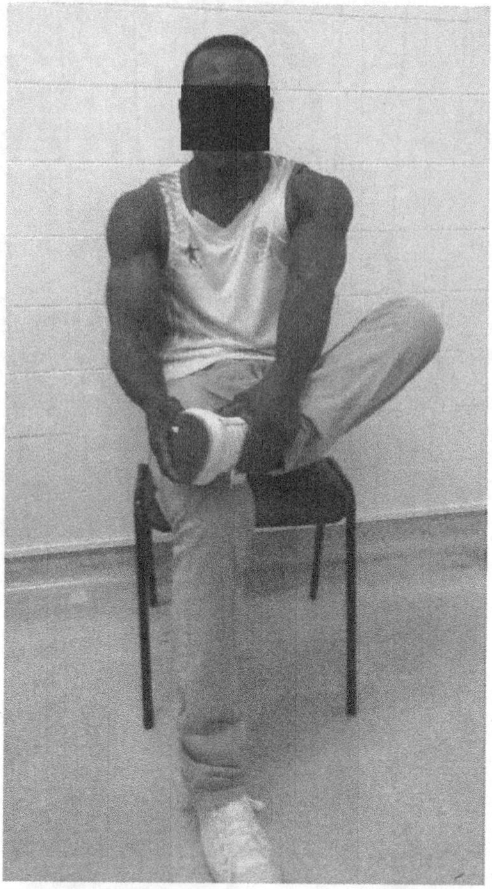

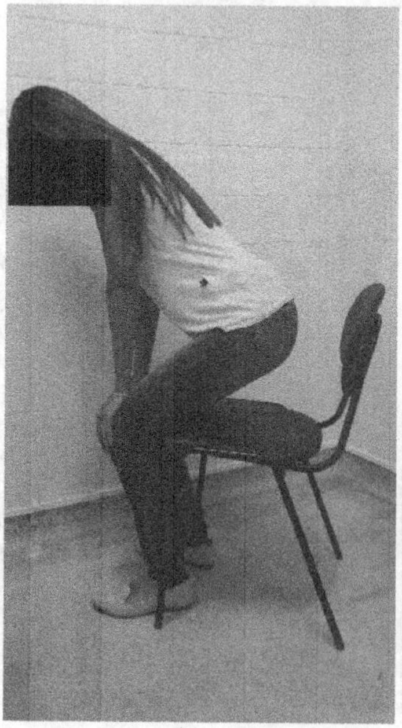

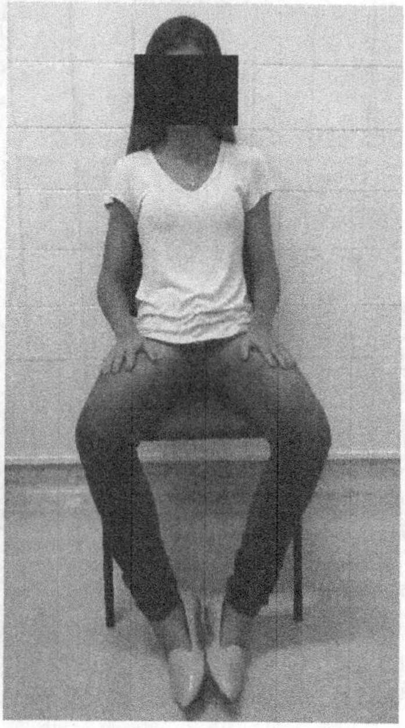

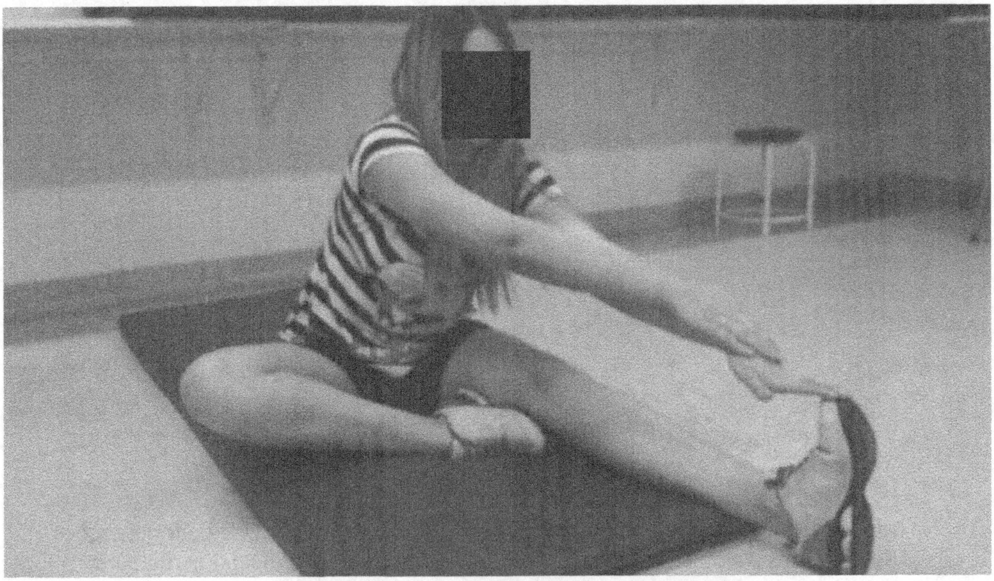

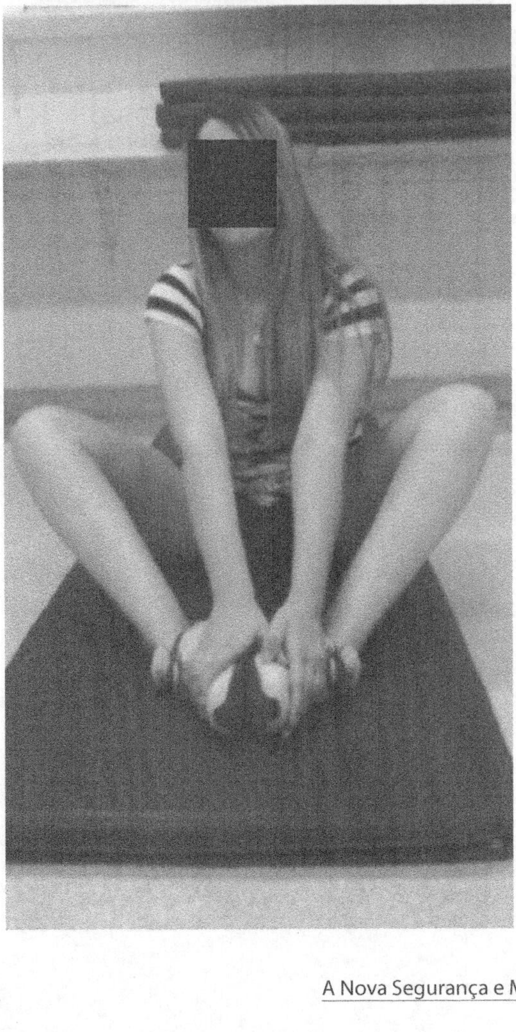

Na posição sentado, no próprio ambiente de trabalho, é onde pode-se dar orientações de exercícios e alongamentos rápidos durante o trabalho, principalmente para digitadores e também pessoas que passam a maior parte do tempo escrevendo.

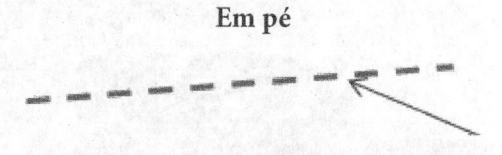

Em pé

Importante o posicionamento, antebraço na mesma direção da mão.

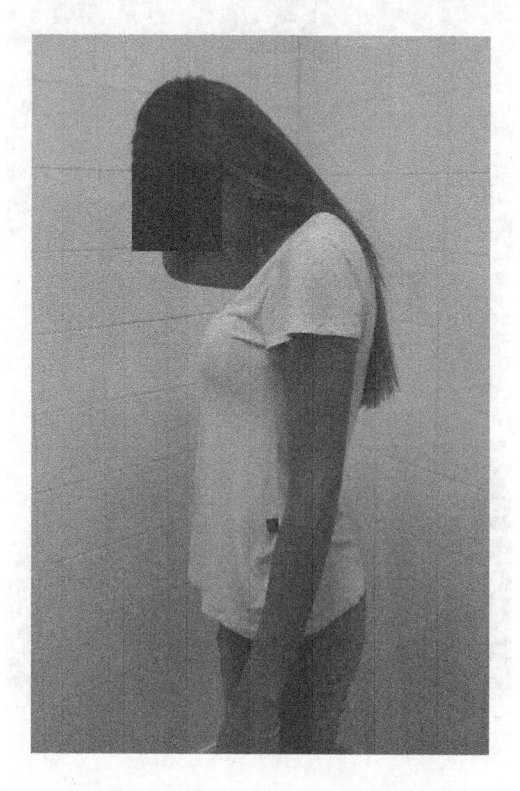

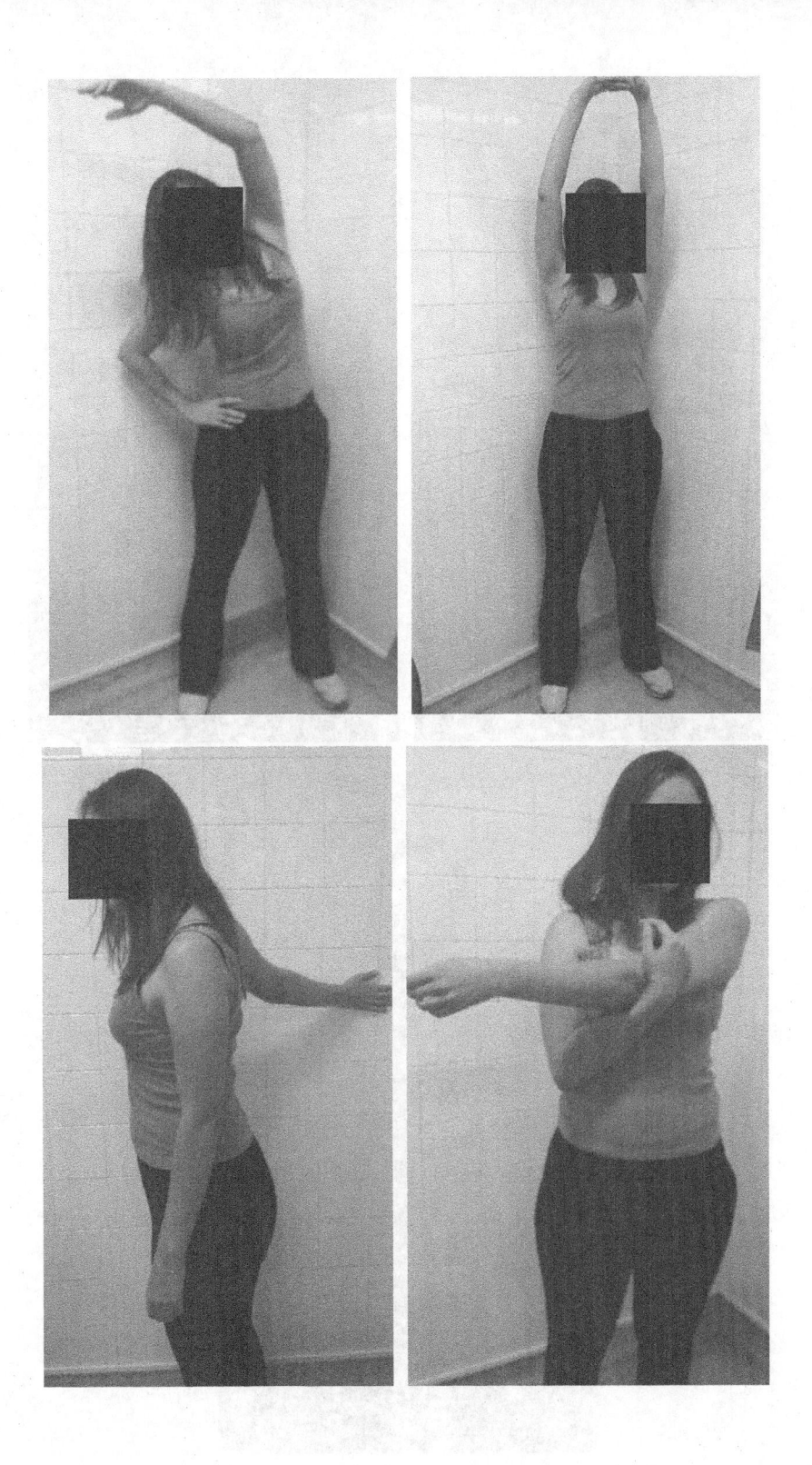

A Nova Segurança e Medicina do Trabalho 81

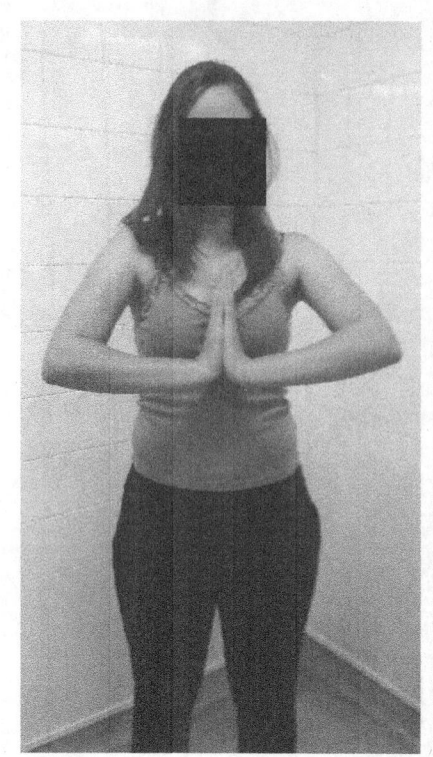

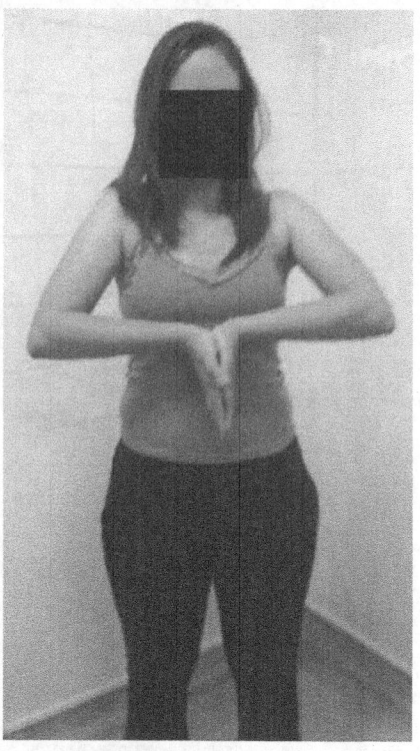

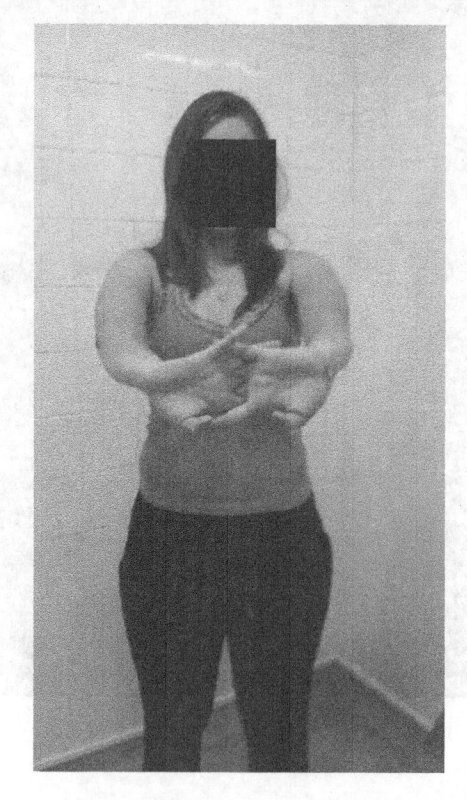

82 Gleibe Pretti e Marcos Oliveira Santos

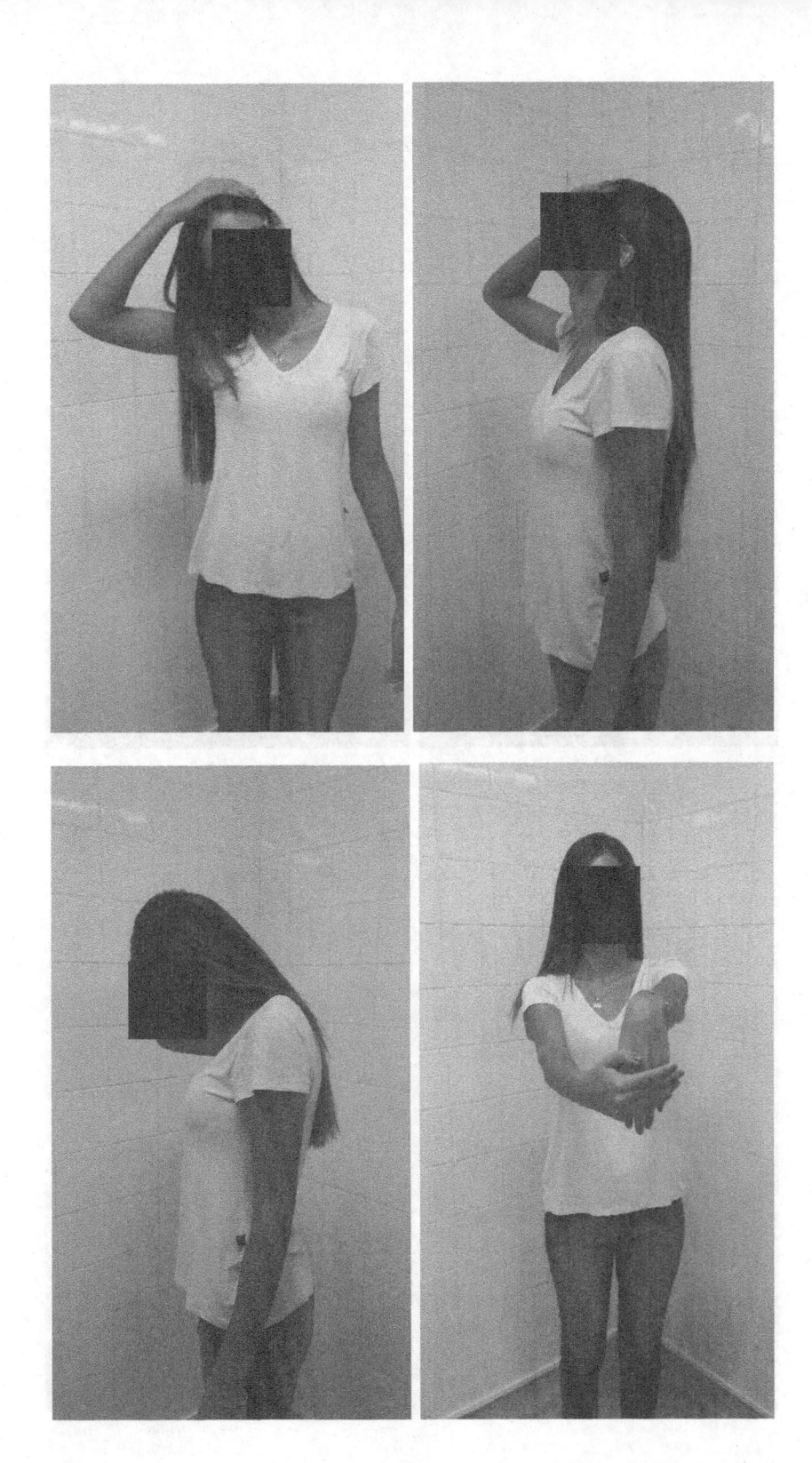

A Nova Segurança e Medicina do Trabalho 83

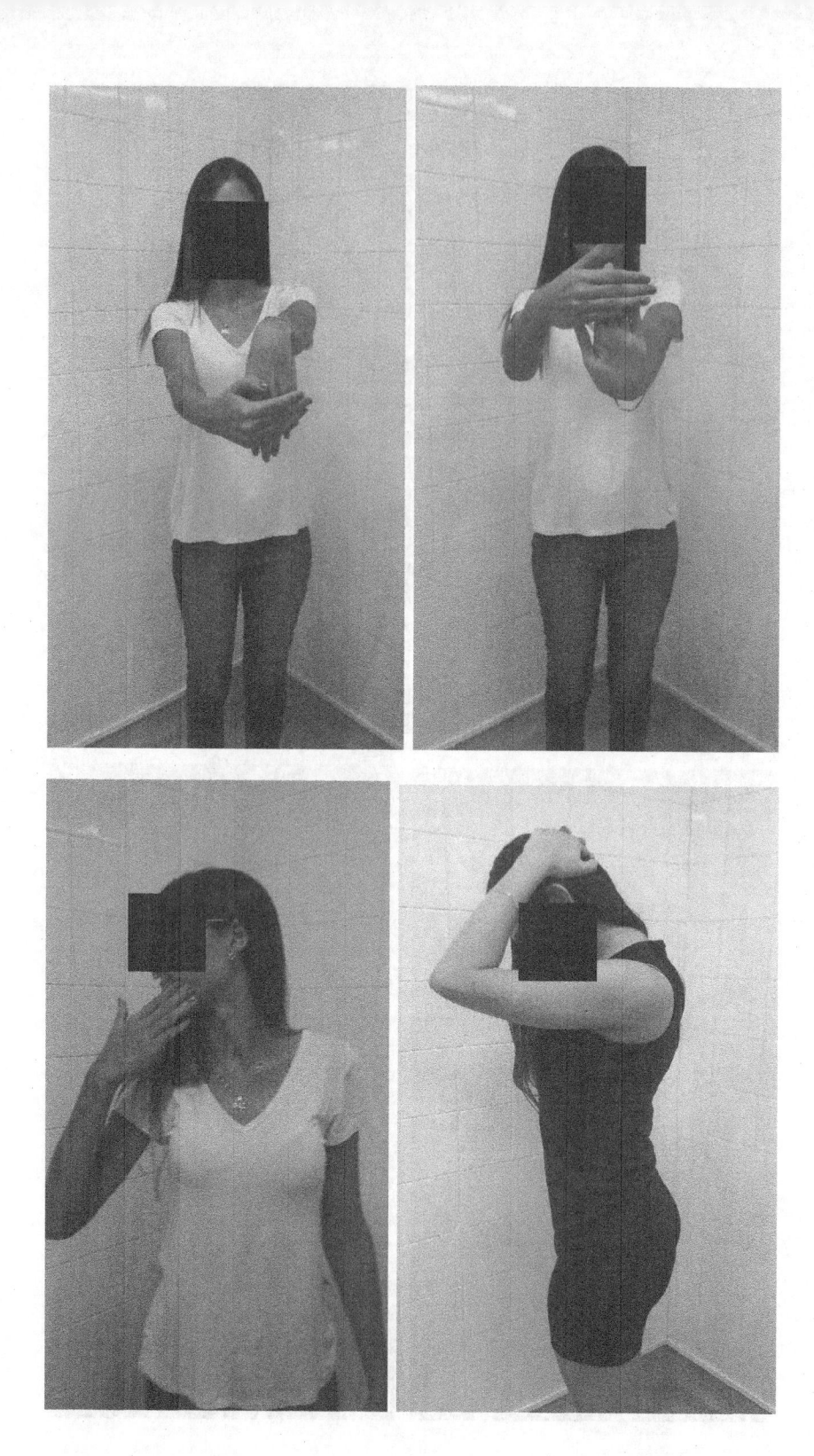

84 Gleibe Pretti e Marcos Oliveira Santos

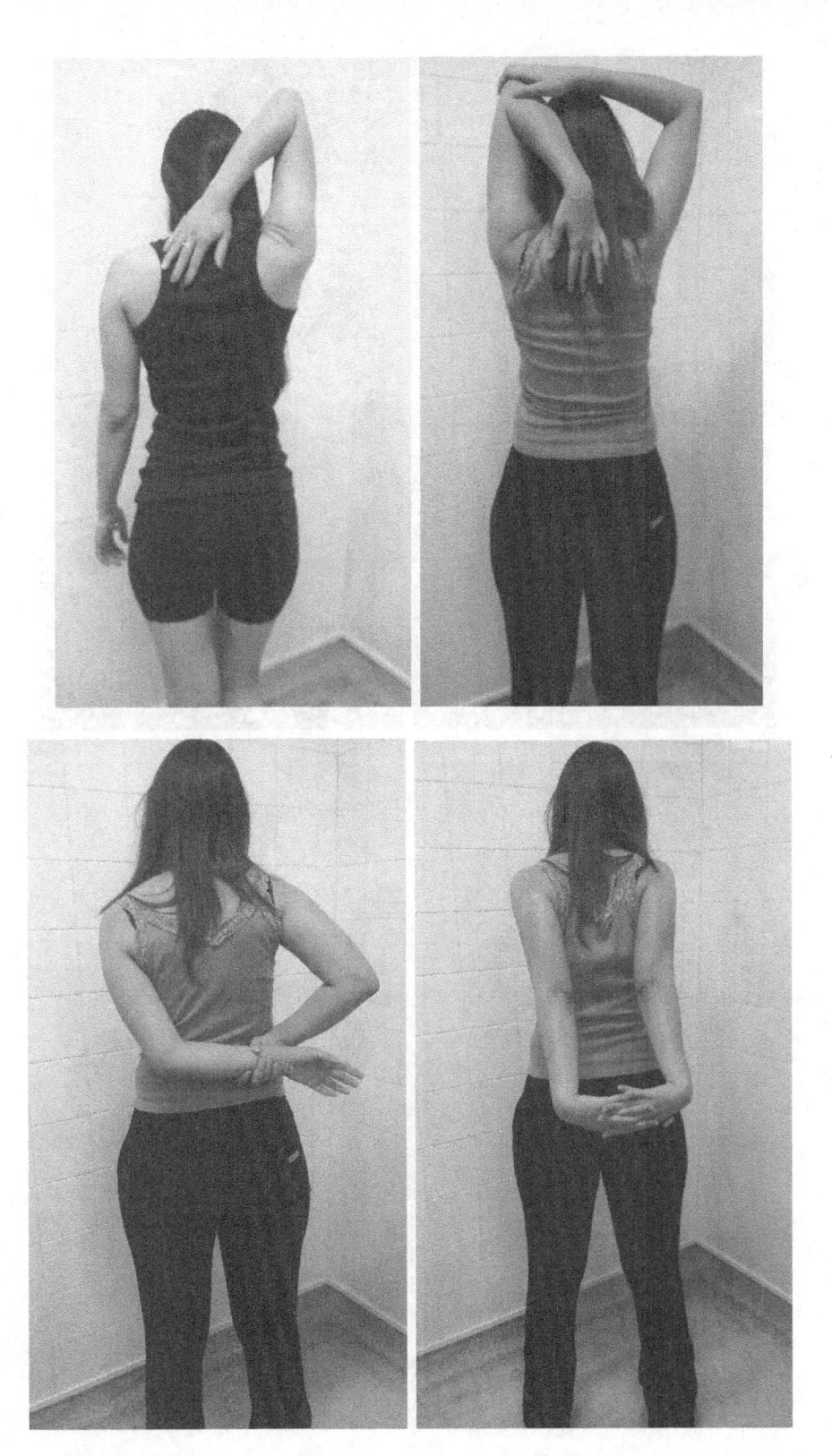

A Nova Segurança e Medicina do Trabalho 85

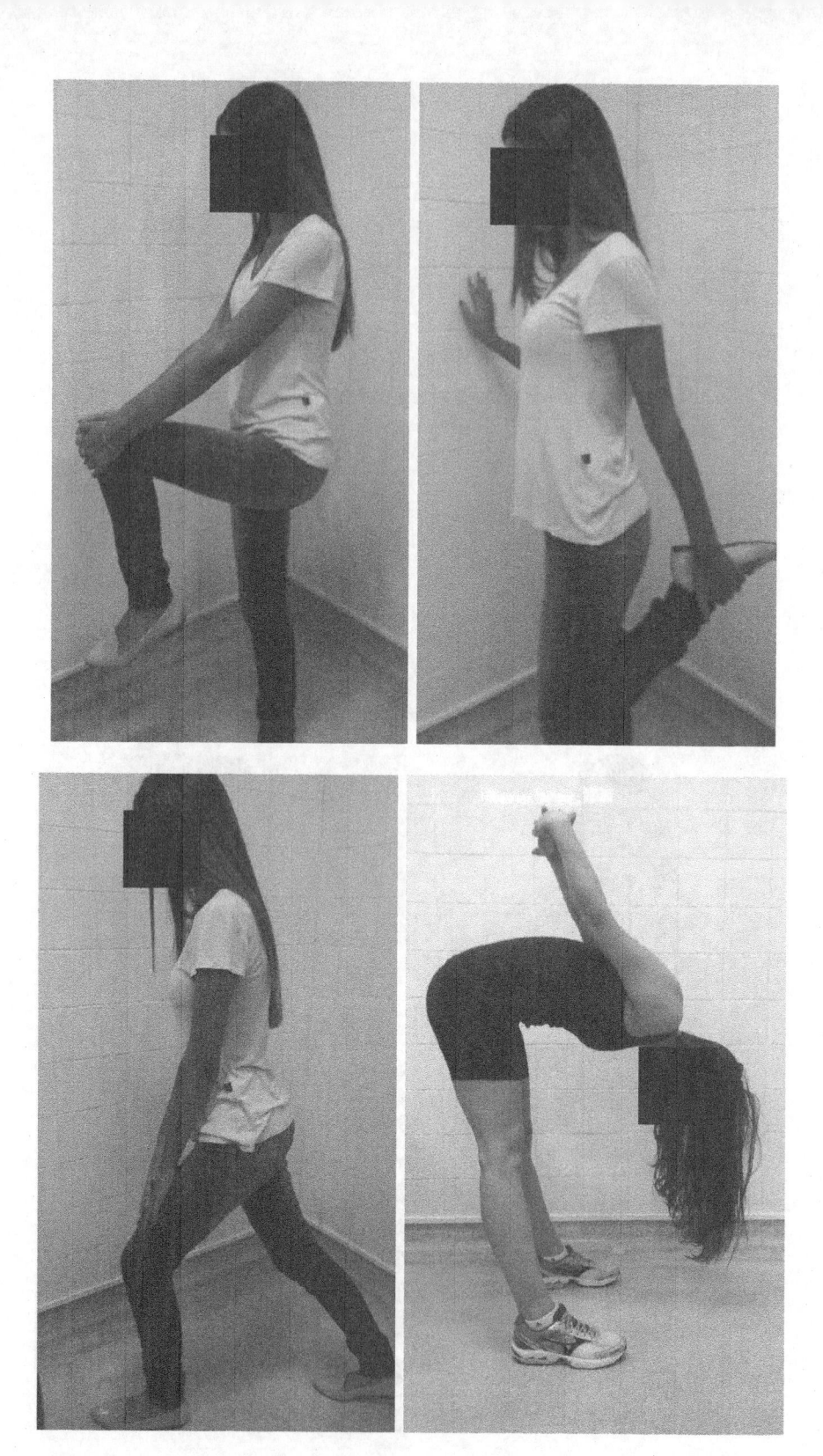

86 Gleibe Pretti e Marcos Oliveira Santos

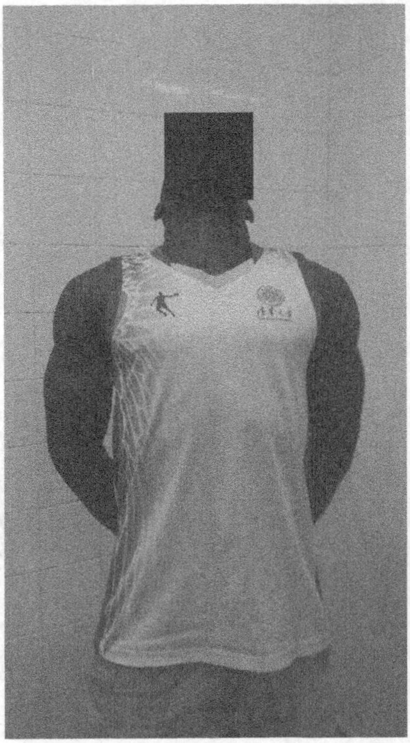
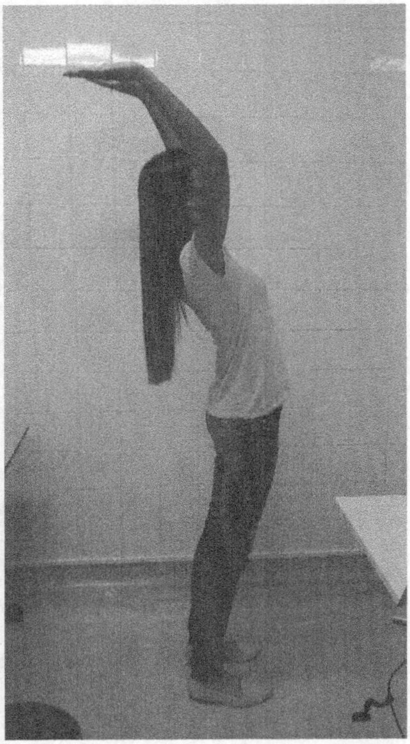

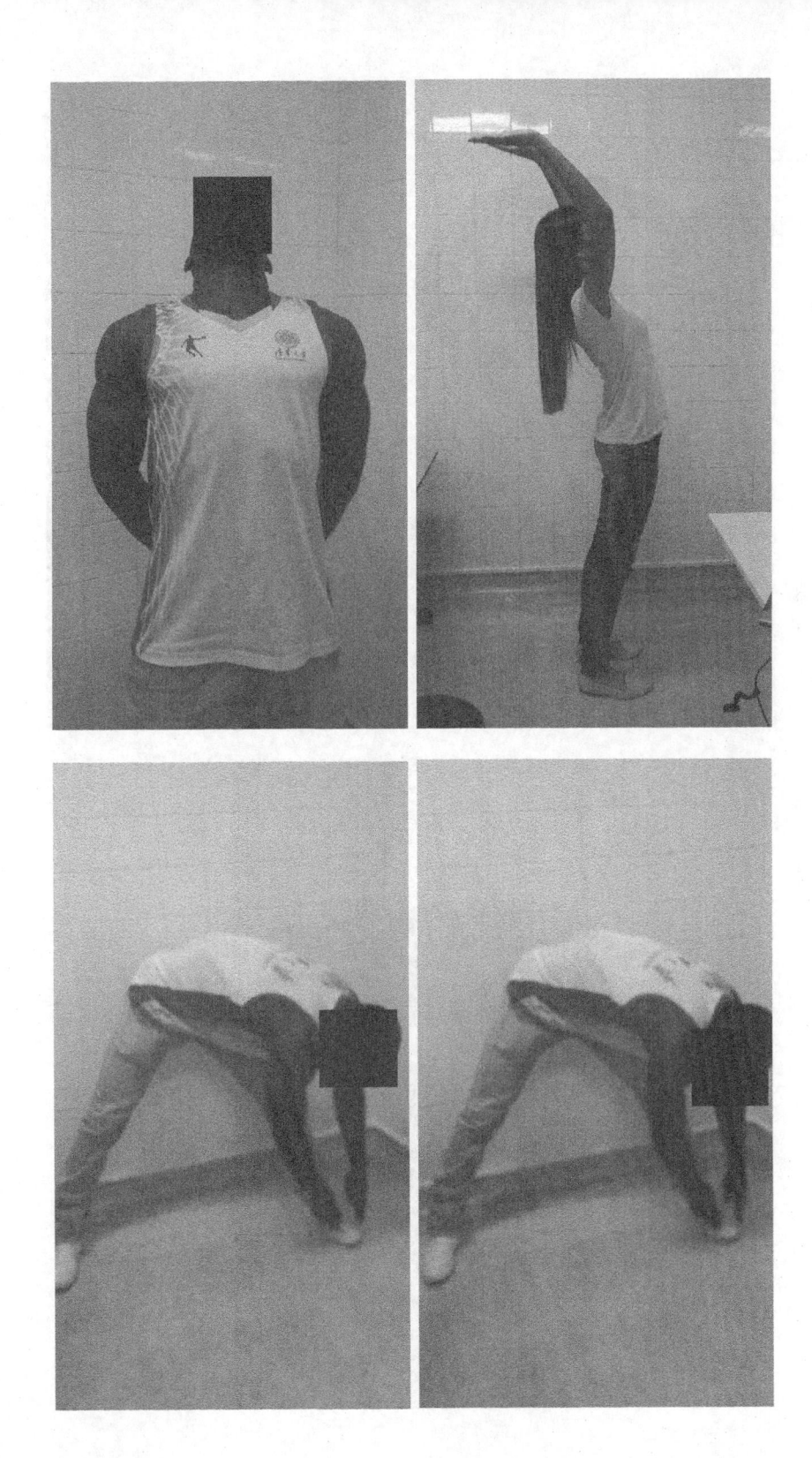

88 Gleibe Pretti e Marcos Oliveira Santos

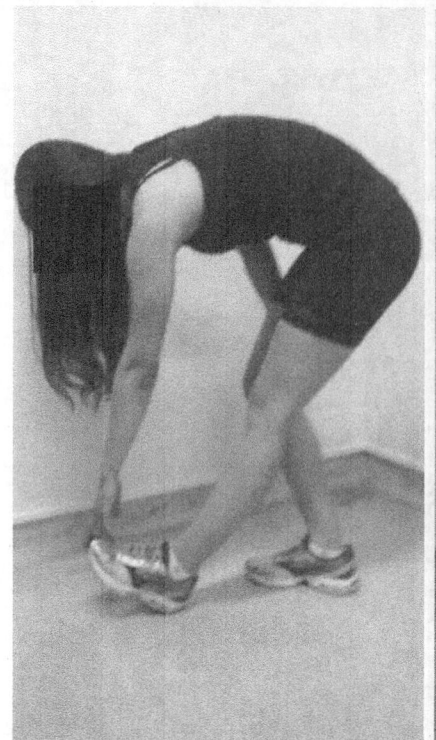

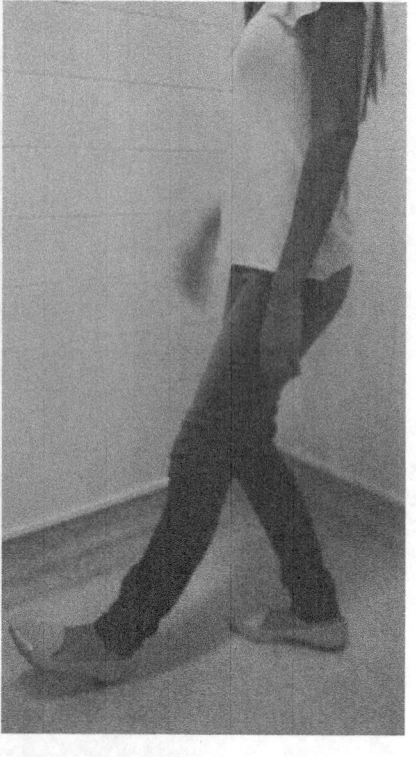

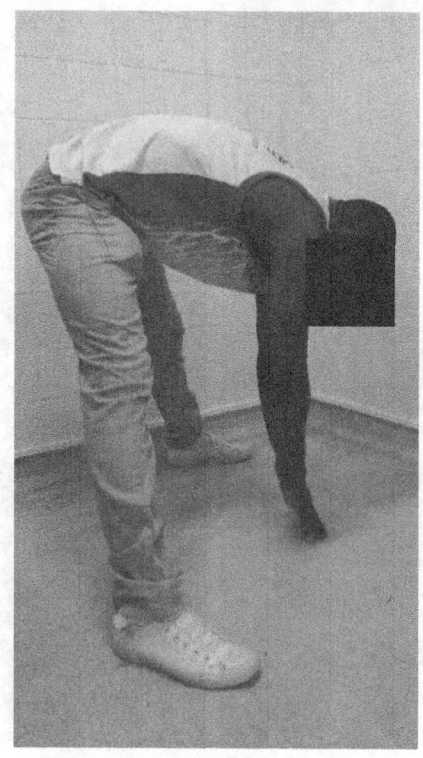

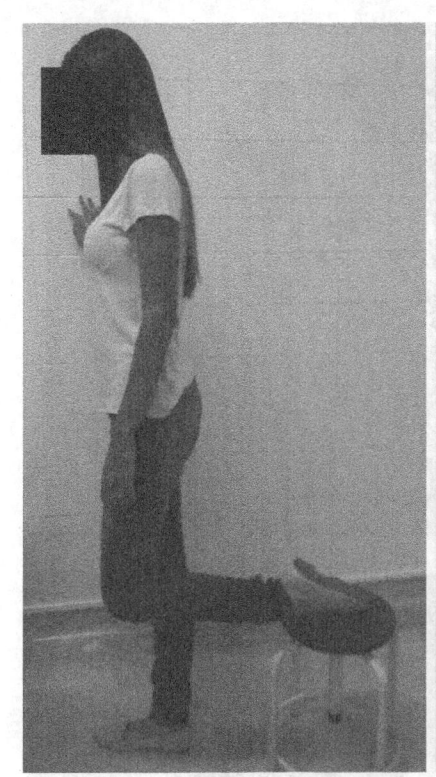

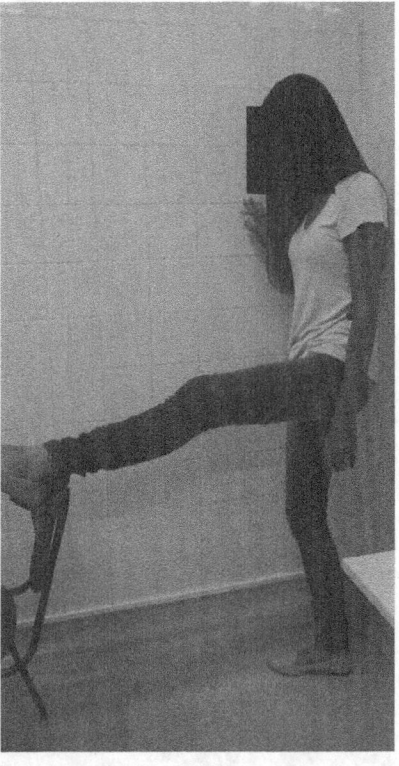

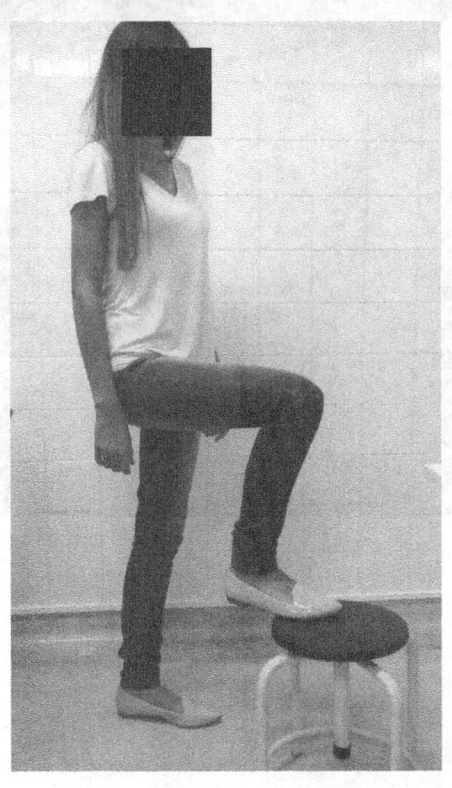

A Nova Segurança e Medicina do Trabalho

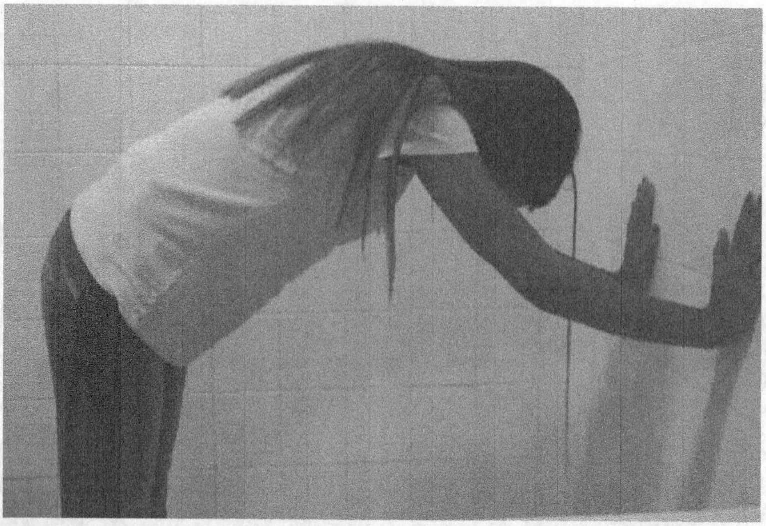

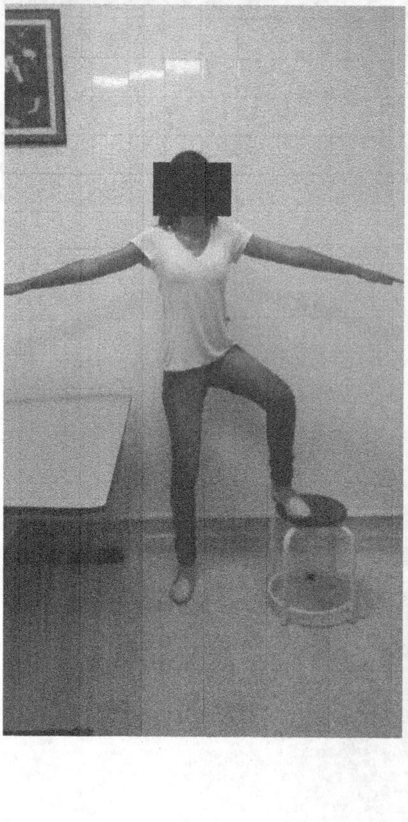

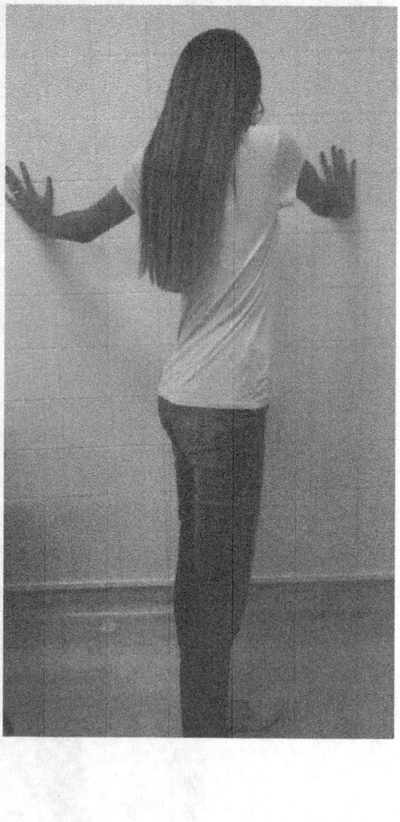

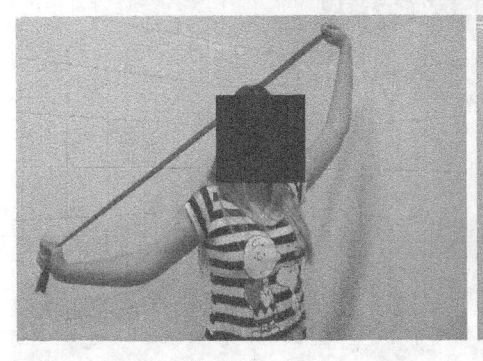

A Nova Segurança e Medicina do Trabalho 91

92 Gleibe Pretti e Marcos Oliveira Santos

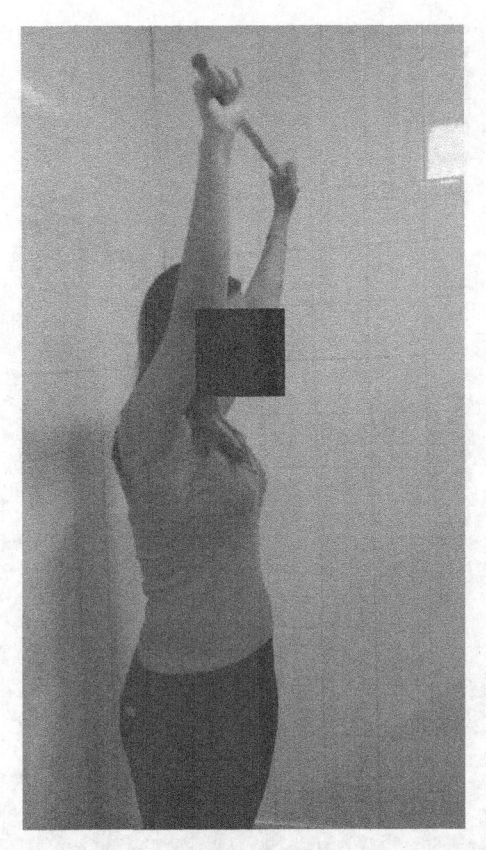

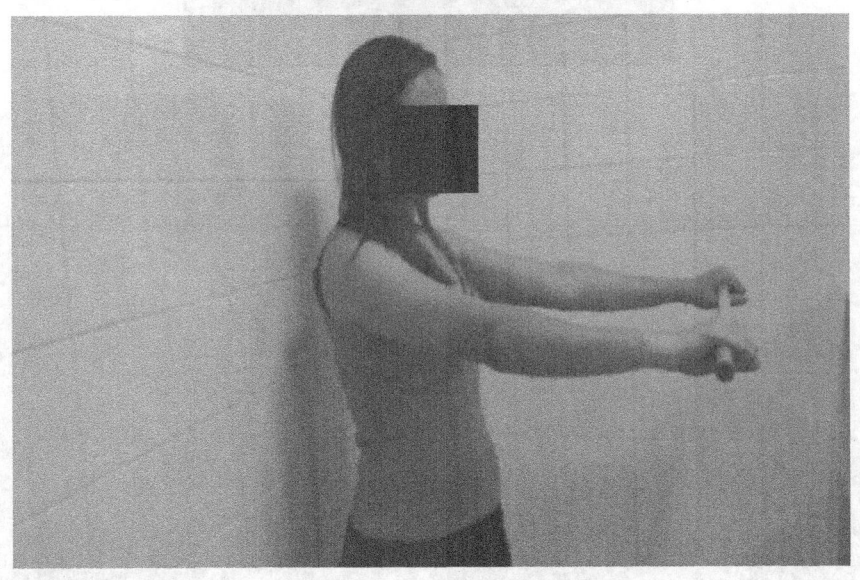

A Nova Segurança e Medicina do Trabalho 93

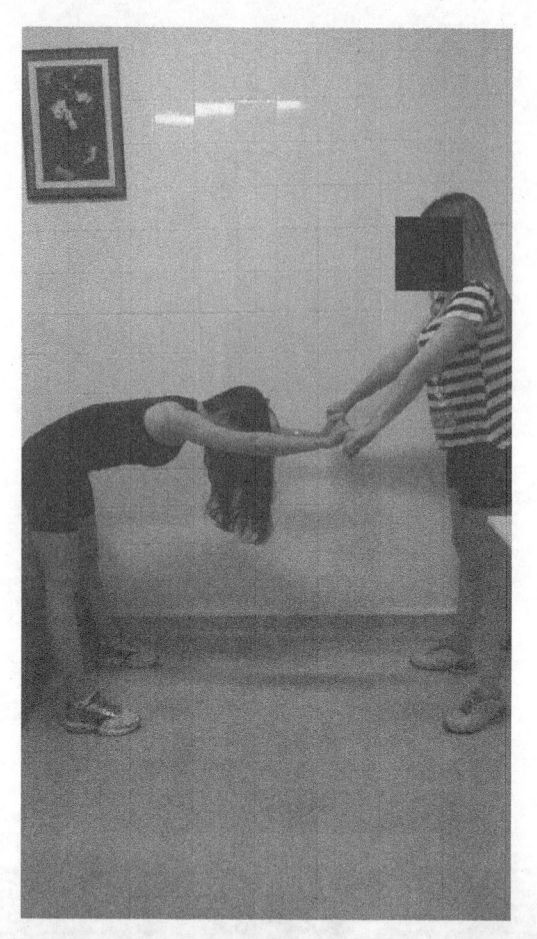

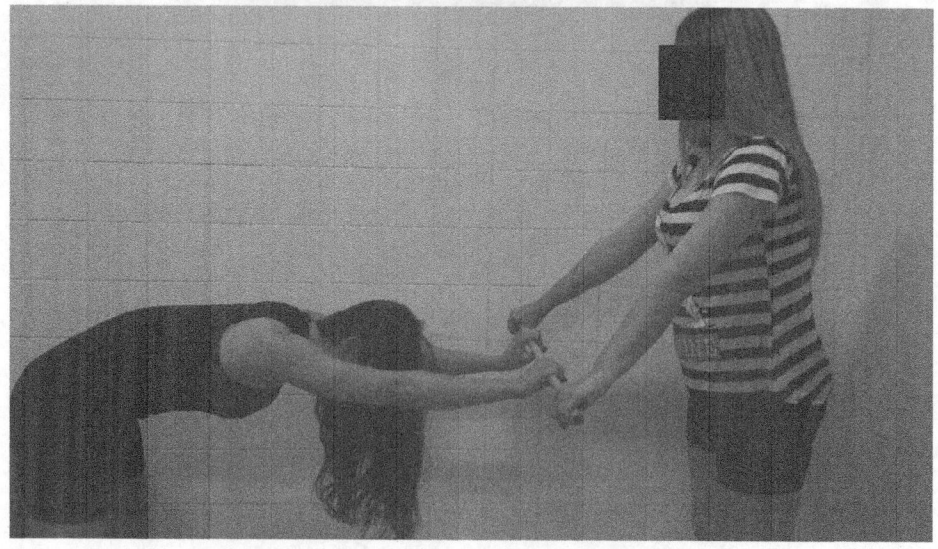

Em pé, os exercícios laborais são muito utilizados, principalmente com indivíduos ativos e que tem bom equilíbrio.

Deitado

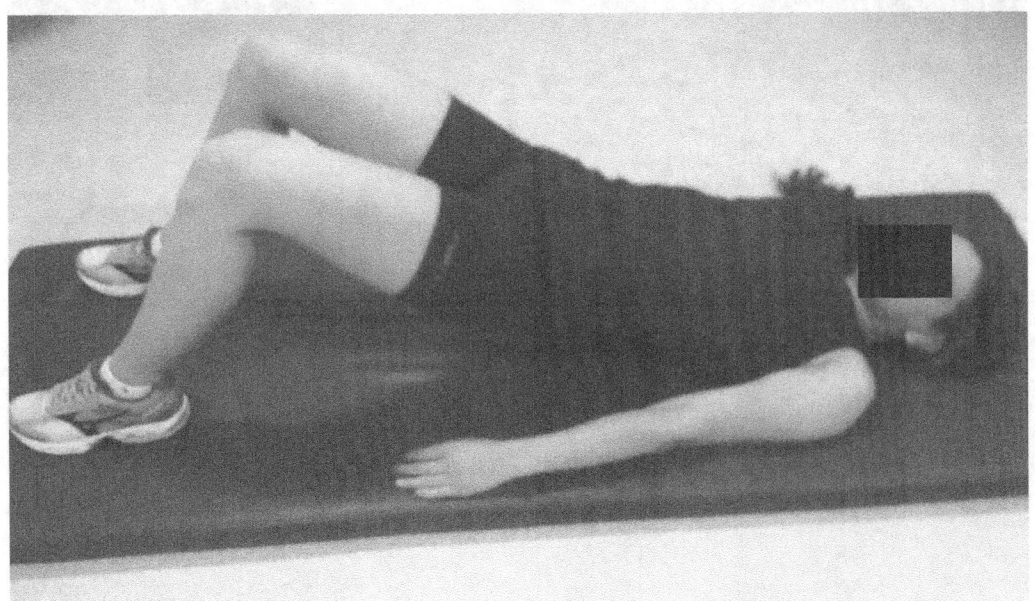

A Nova Segurança e Medicina do Trabalho 95

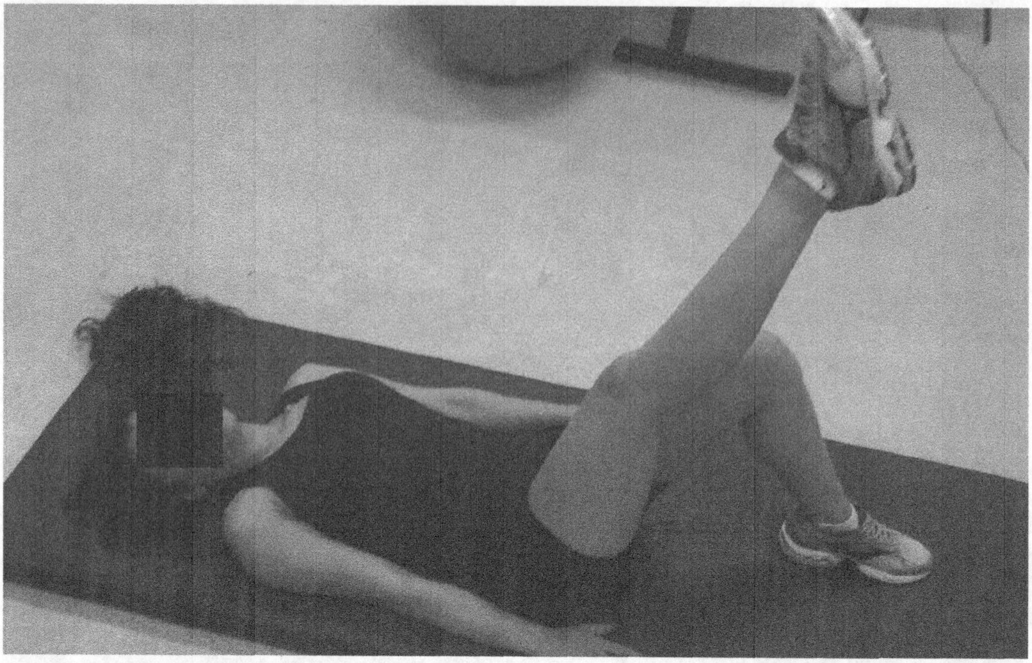

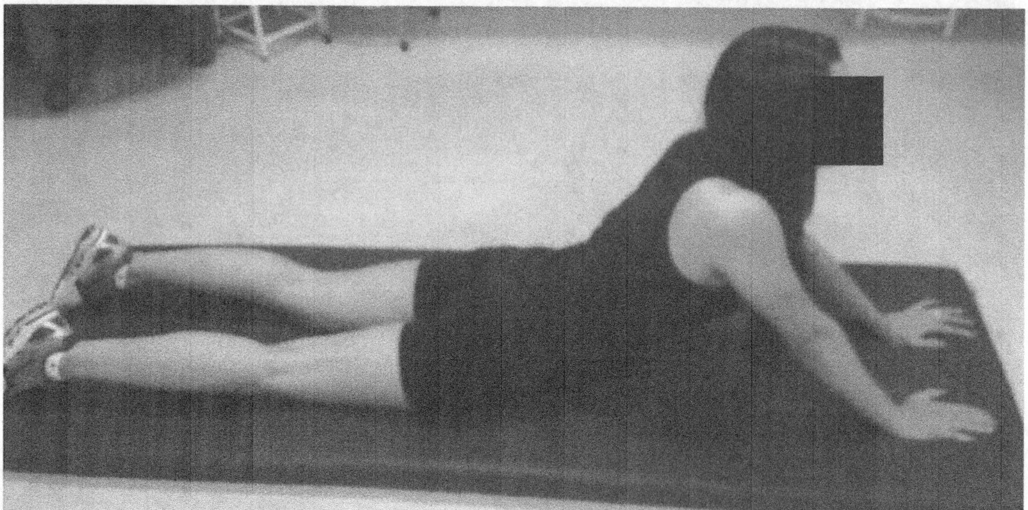

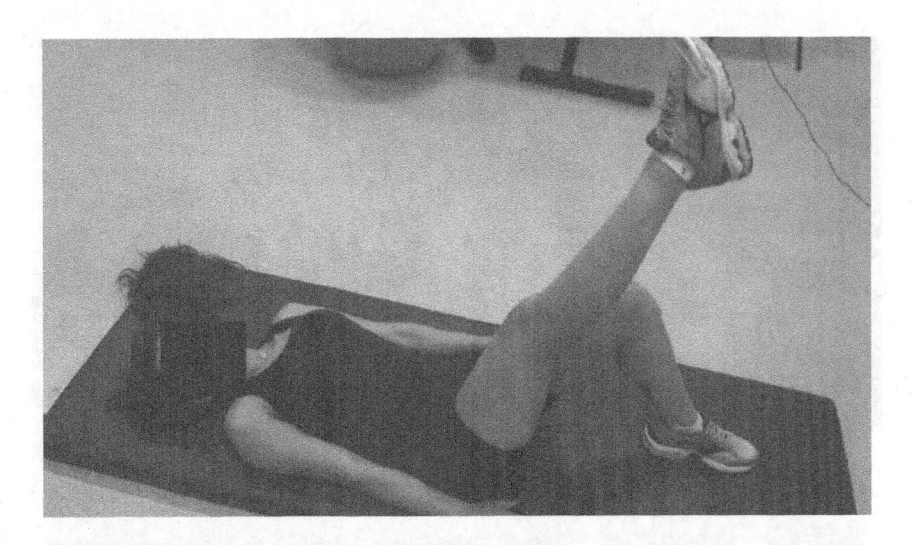

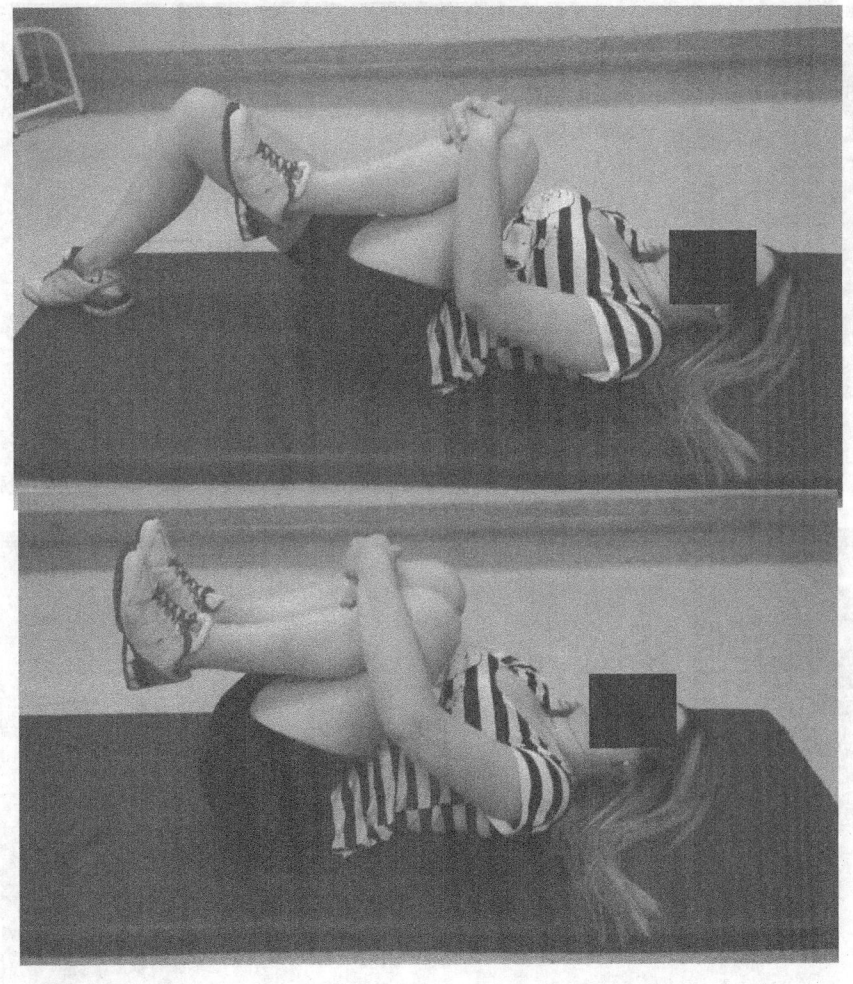

A Nova Segurança e Medicina do Trabalho 97

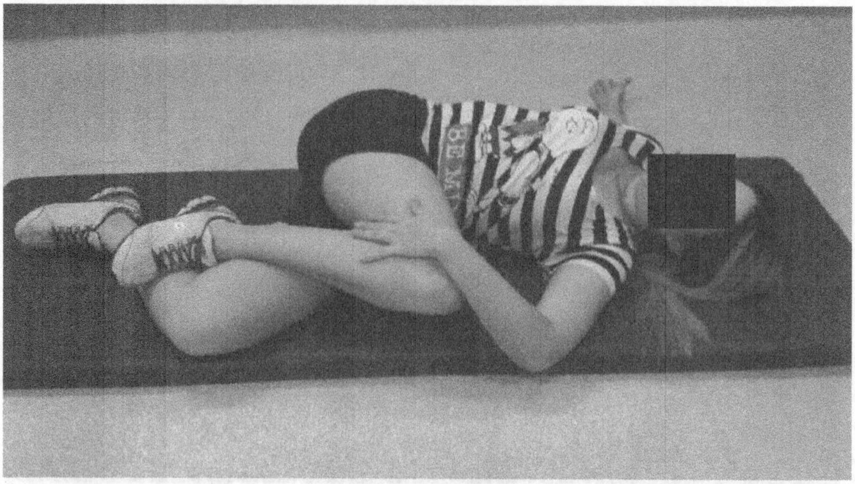

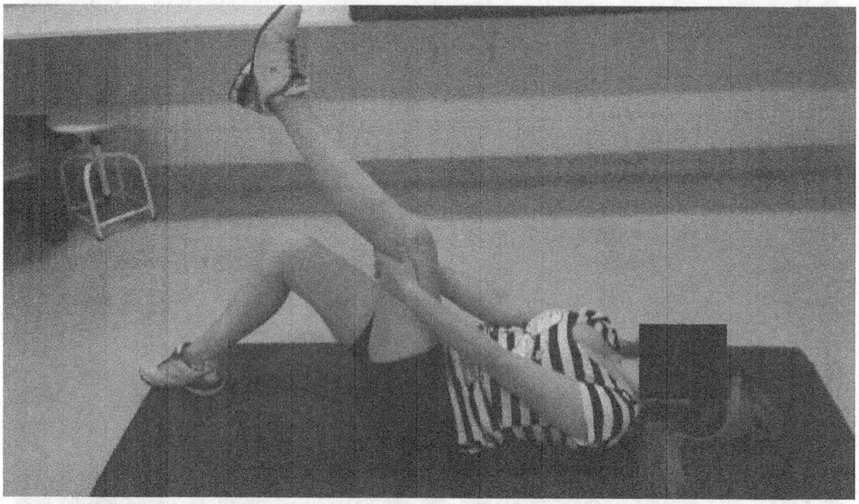

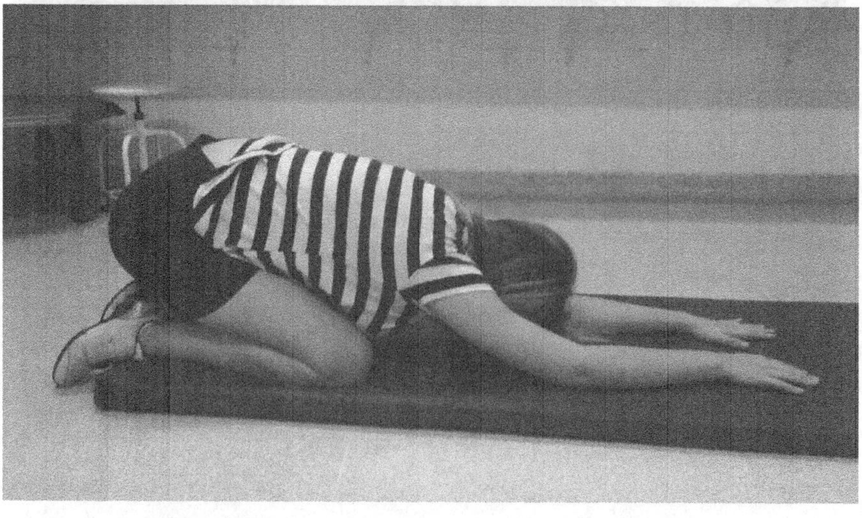

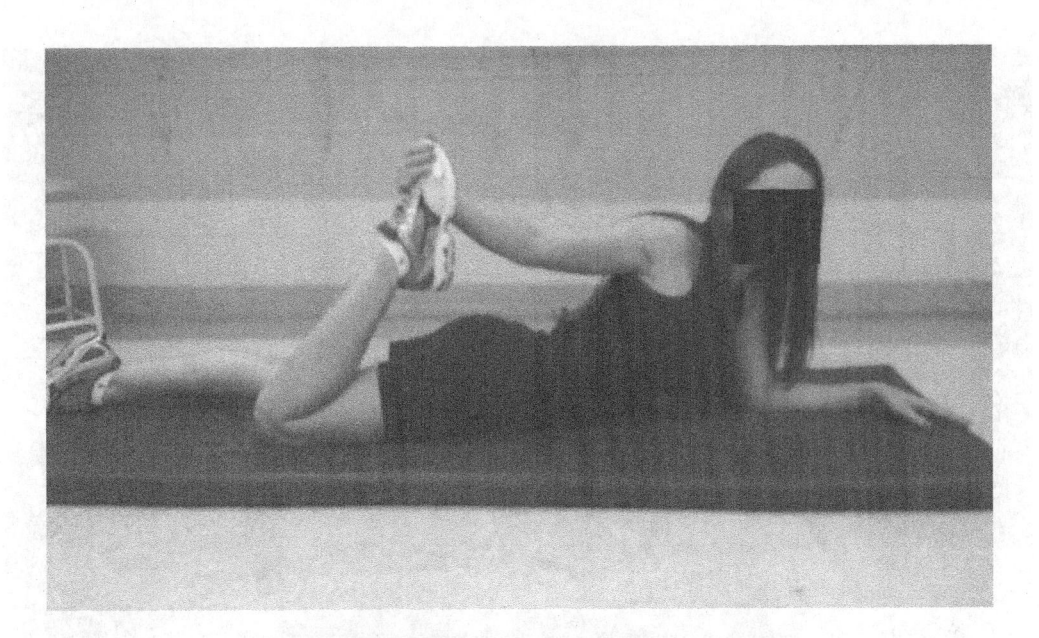

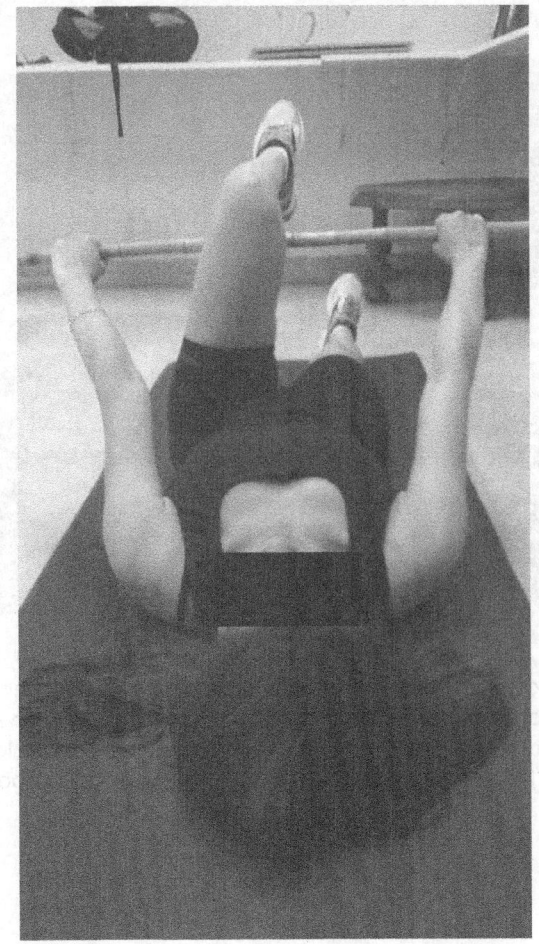

A Nova Segurança e Medicina do Trabalho **99**

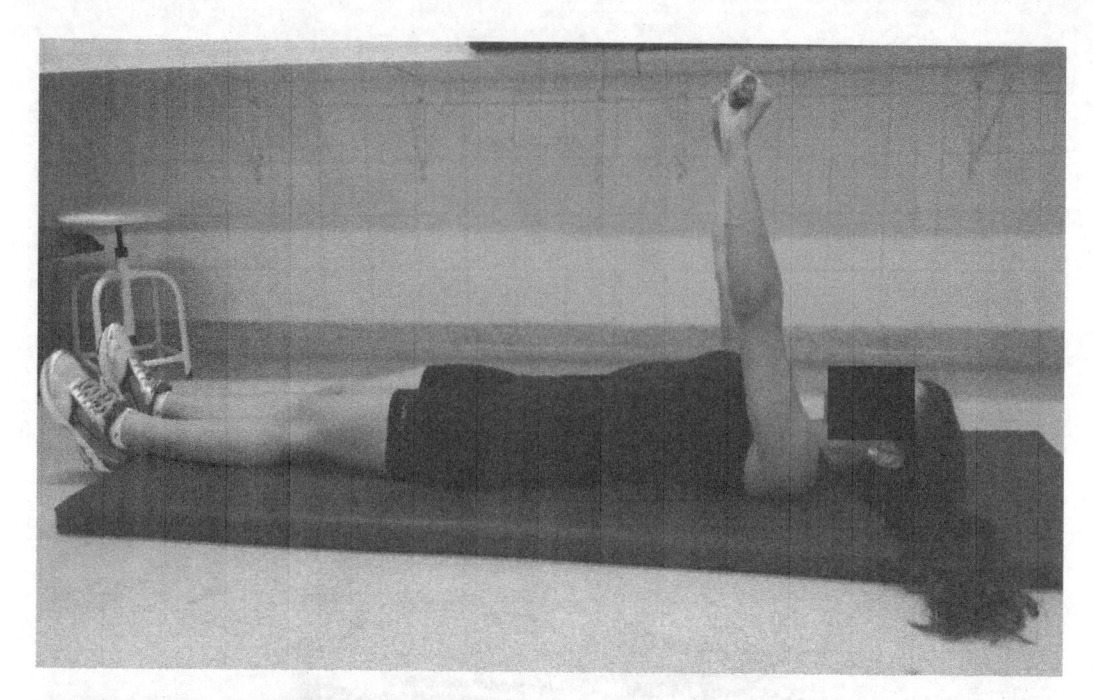

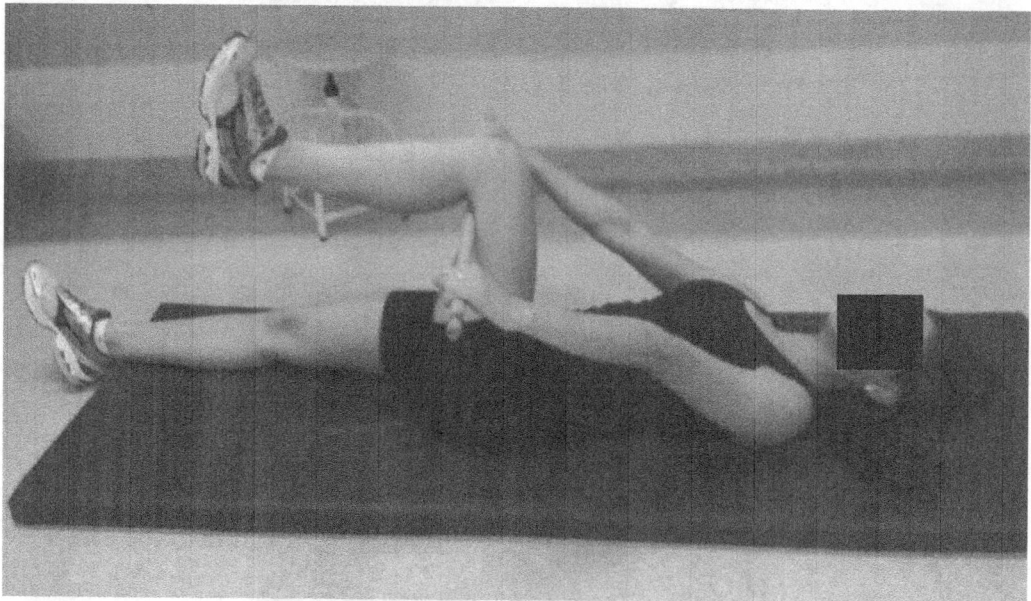

Exercícios laborais na posição deitado. Nem todos os ambientes de trabalho permitem a execução desta atividade, já que o mais ideal é a execução com utilização de colchonetes, mas para os locais que tem esse tipo de material, é importante sua utilização deitado, já que leva o indivíduo a uma posição cômoda, e também pode ser utilizado no final da ginástica laboral "volta à calma".

Os locais onde pode ser executada a ginástica laboral: pode e deve ser executada em todo e qualquer ambiente de trabalho.

Escritórios:

Serviços com transportes de carga:

Importante salientar que não se deve transportar cargas sobre a cabeça. Mais adiante temos as orientações no transporte de carga.

Hospitais:

Locais onde o profissional depende muito de movimentos finos das mãos, músculos mais fortes dos membros superiores para sustentar as ferramentas de trabalho, como enfermeiros, médicos, fisioterapeutas.

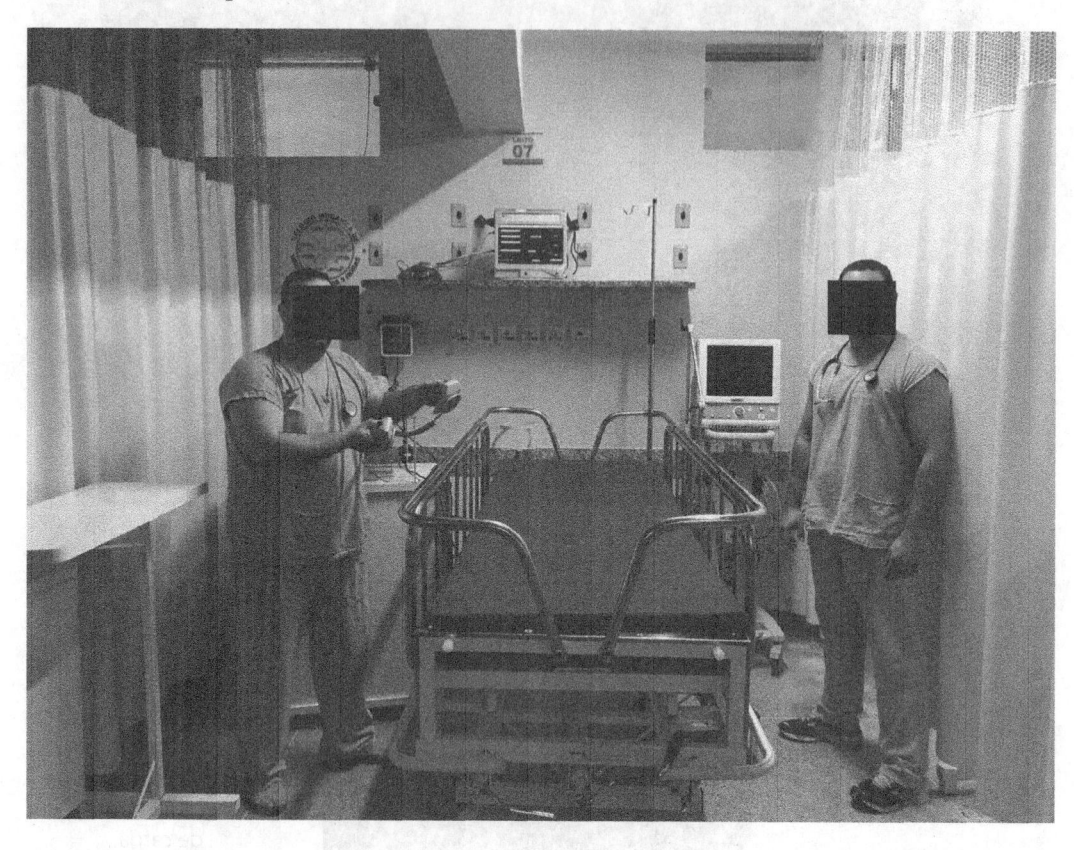

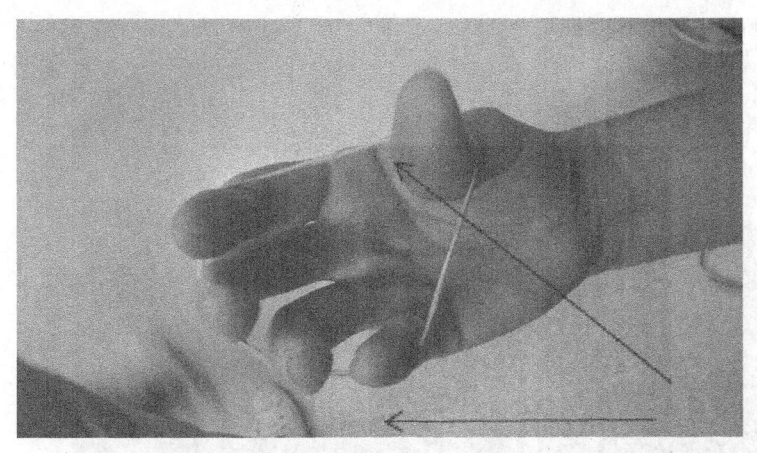

Exercícios para movimentos finos e fortalecimento.

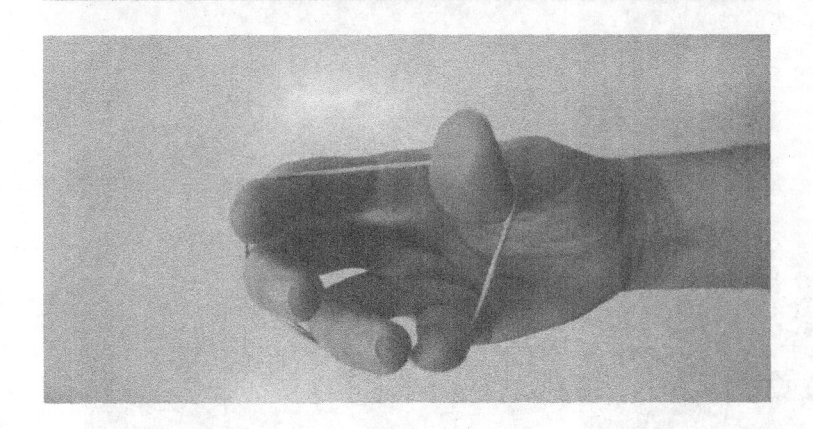

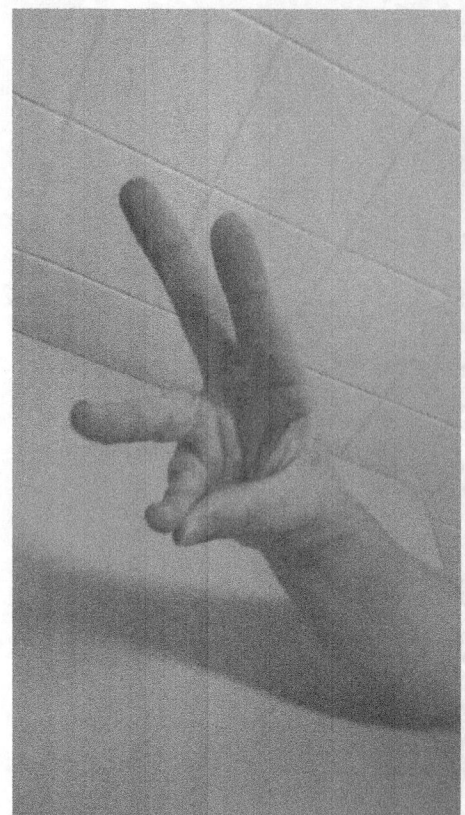

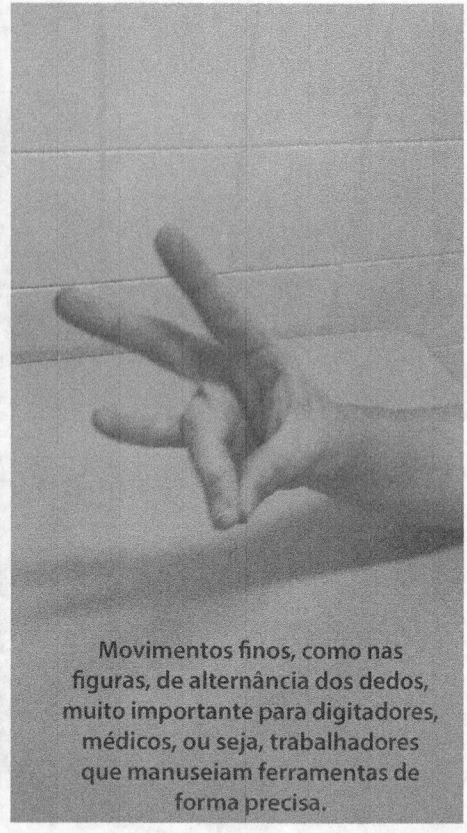

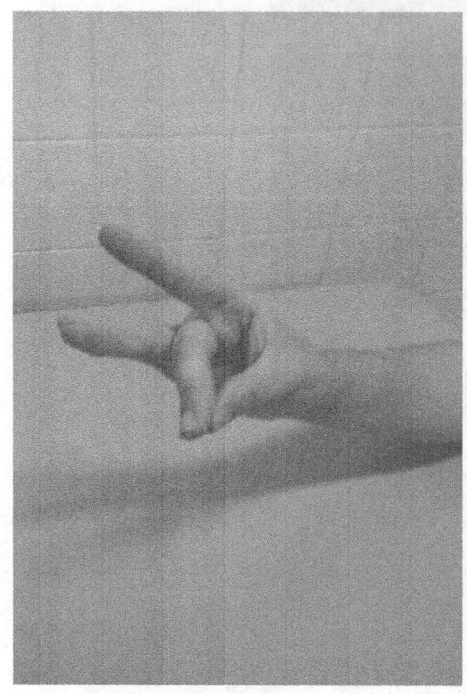

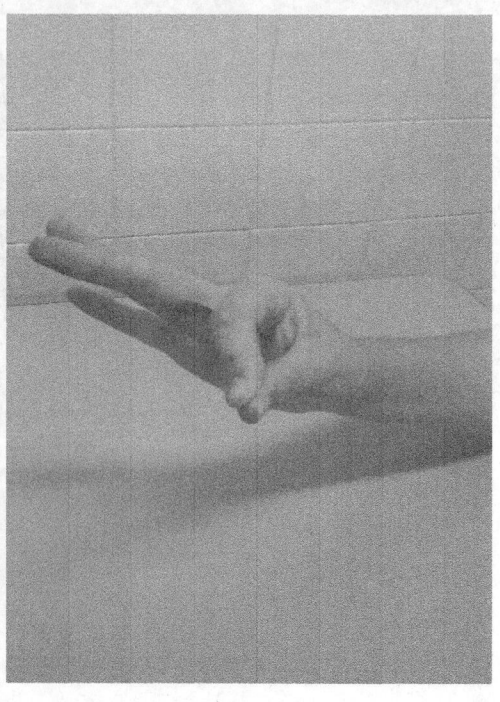

Movimentos finos, como nas figuras, de alternância dos dedos, muito importante para digitadores, médicos, ou seja, trabalhadores que manuseiam ferramentas de forma precisa.

Transporte de cargas

ERRADO

CERTO

Nas figuras acima uma demonstração de que ao transportar o carrinho de mão, não se deve apenas flexionar o tronco, mas também uma semiflexão de joelho.

Nas figuras acima uma demonstração de que não se deve transportar cargas sobre a cabeça, sempre junto ao corpo.

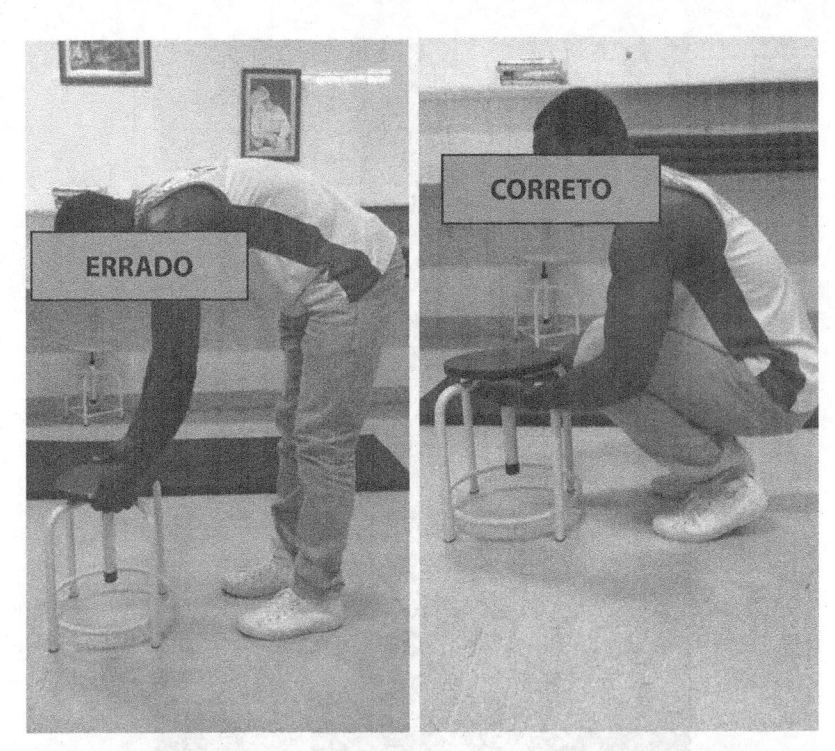

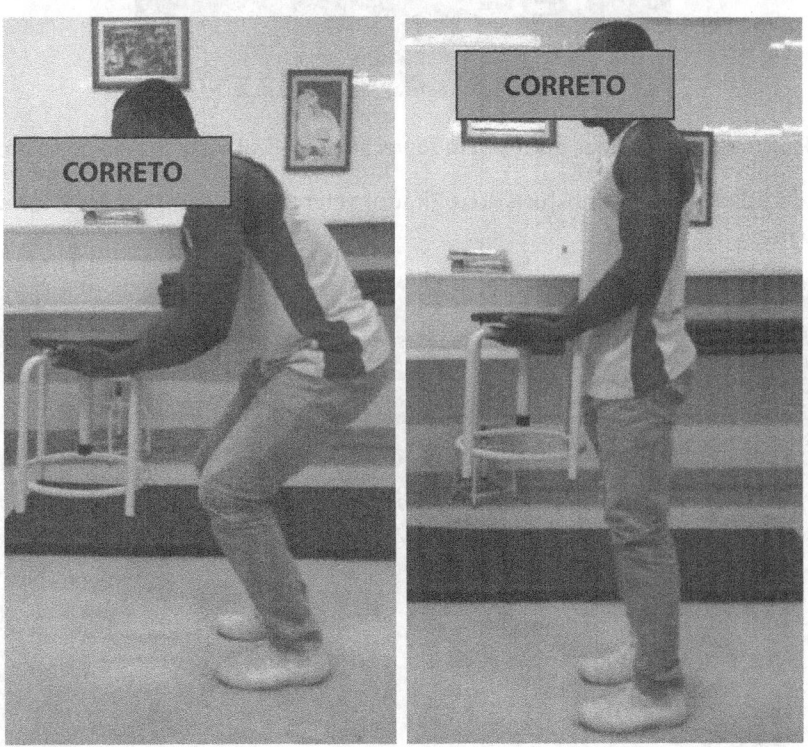

Nas figuras acima uma demonstração que o indivíduo, ao realizar o levantamento de peso, não deve curvar o tronco "flexão de tronco", e sim, flexionar os joelhos e levantar o peso junto ao corpo.

Para todos os trabalhos que exigem sobrecargas, o ideal é a utilização do colete.

Generalidades sobre a postura do digitador referente ao computador e também a utilização do *mouse*.

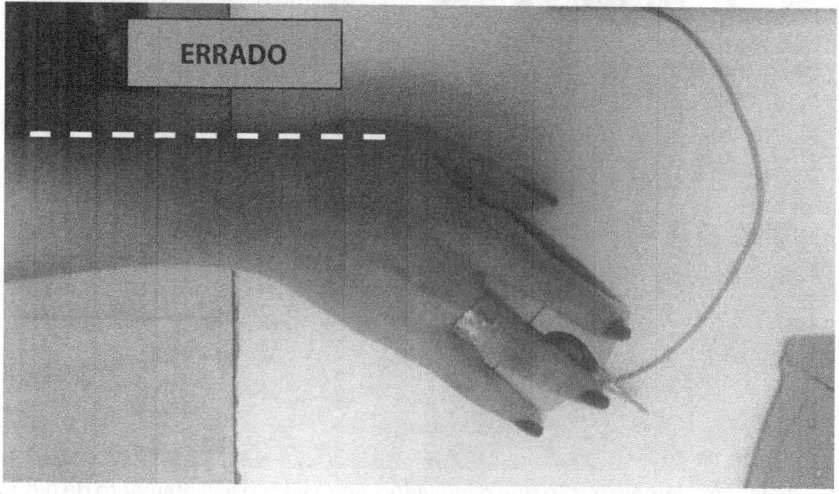

Na figura acima, nota se o desalinhamento entre antebraço e mão "desvio ulnar", o correto seria o antebraço e mão estarem na mesma linha, conforme sugere com a linha pontilhada.

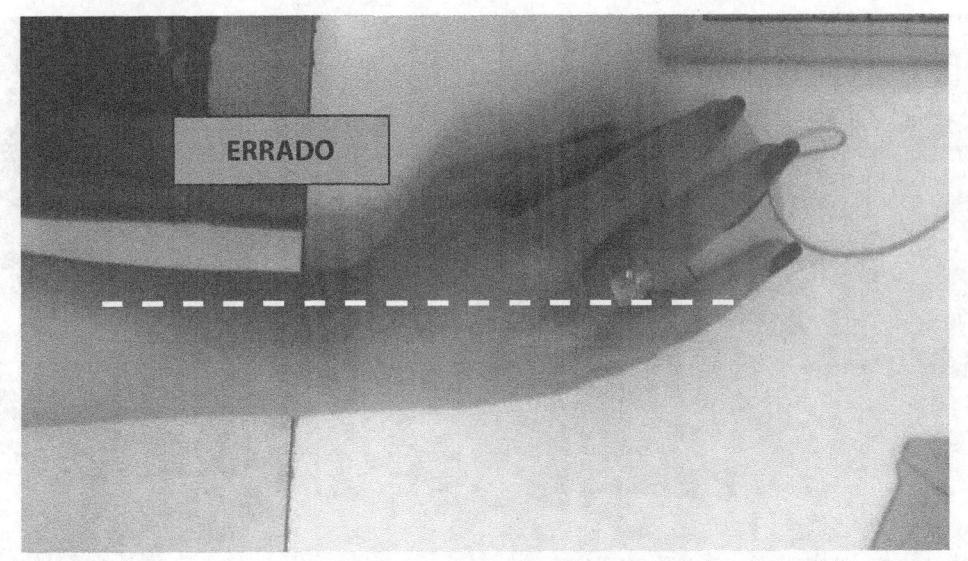

ERRADO

Na figura acima, nota se o desalinhamento entre antebraço e mão "desvio radial", o correto seria o antebraço e mão estarem na mesma linha, conforme sugere com a linha pontilhada.

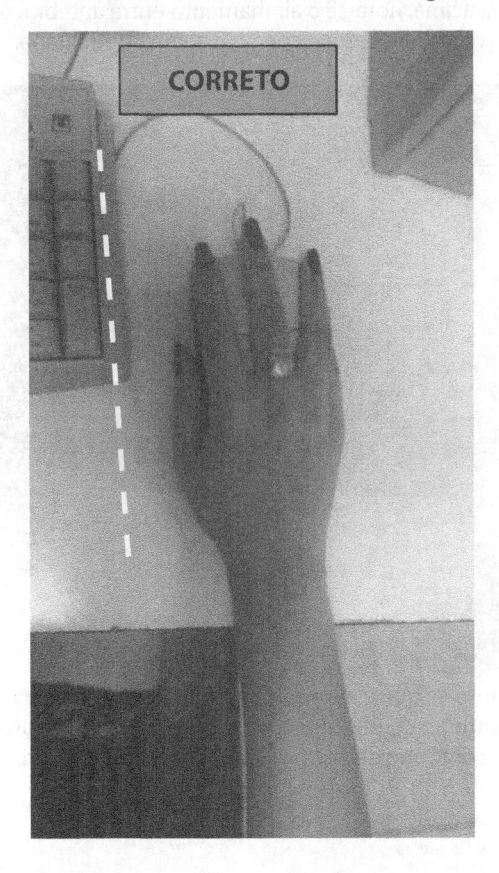

CORRETO

Na figura acima, nota-se o alinhamento entre antebraço e mão, conforme demarcado com a linha pontilhada.

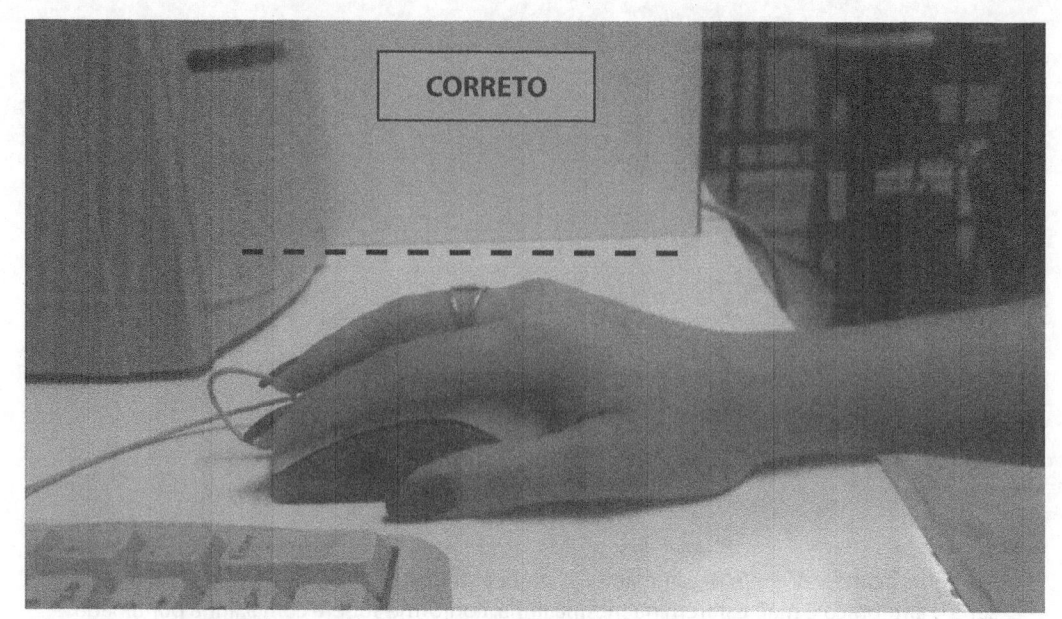

Na figura acima, nota-se o alinhamento entre antebraço e mão, conforme demarcado com a linha pontilhada.

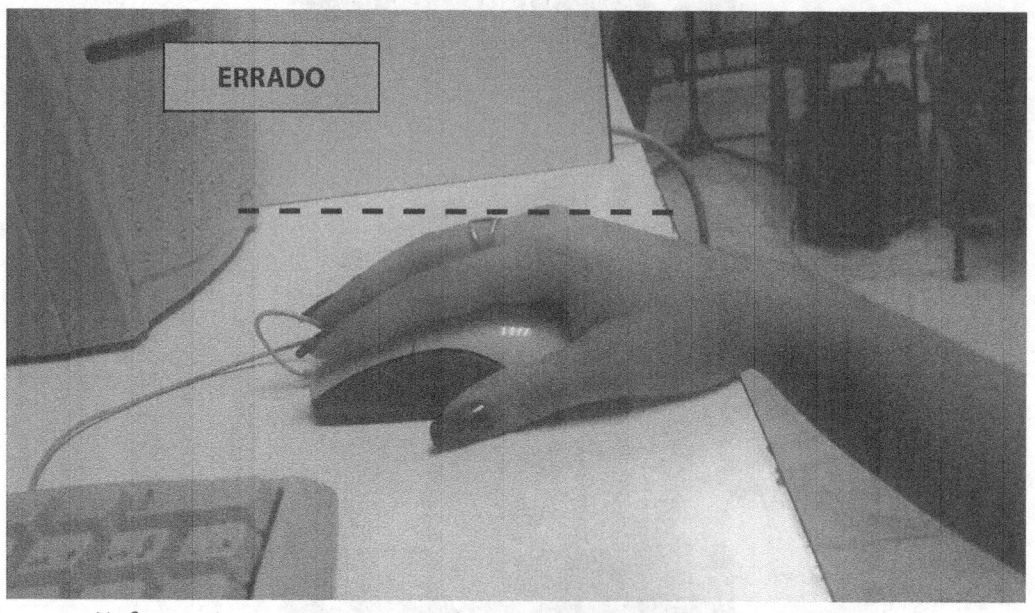

Na figura acima, nota-se que o antebraço está posicionado abaixo da linha da mão "flexão de punho", o correto seria o antebraço na mesma direção da mão, conforme demarcado com a linha pontilhada.

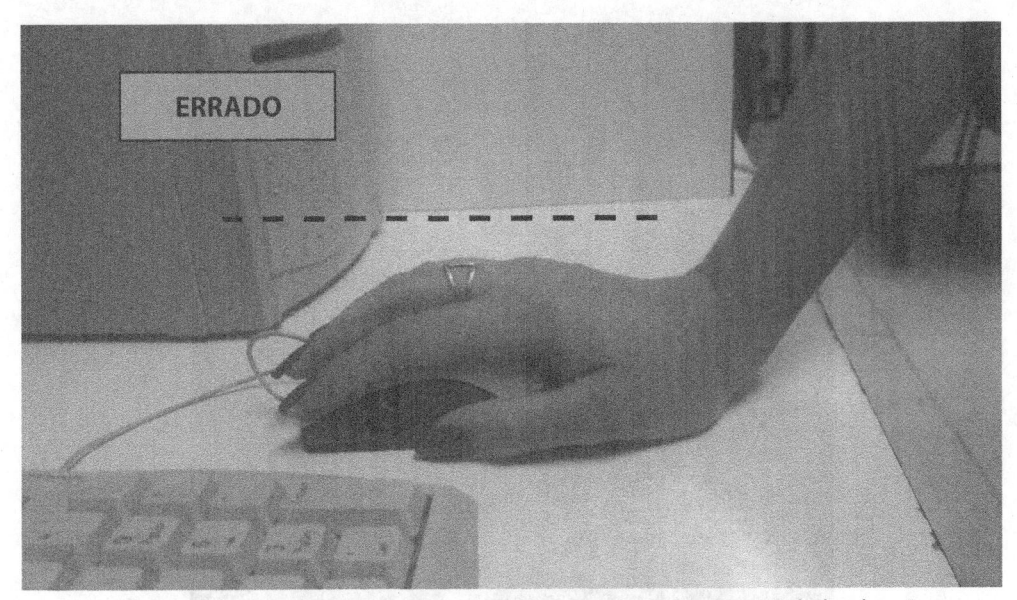

Na figura acima, nota-se que o antebraço está posicionado acima da linha da mão "extensão de punho", o correto seria o antebraço na mesma direção da mão, conforme demarcado com a linha pontilhada.

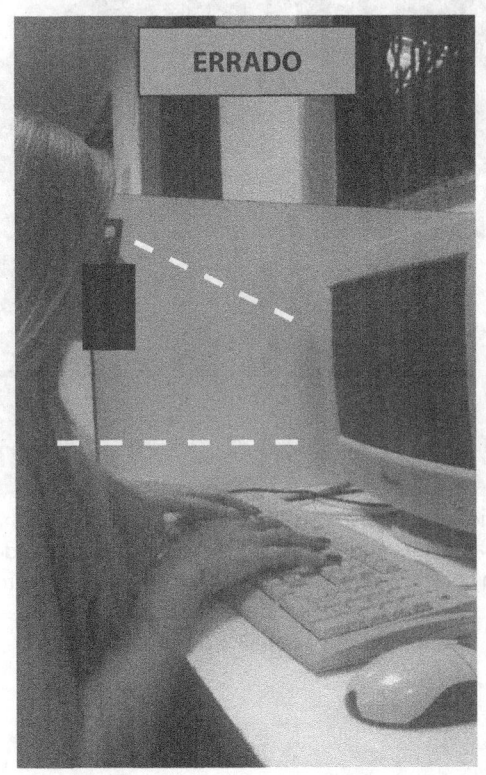

Na figura acima, o indivíduo está muito próximo do computador, o que não permite alinhar cotovelo na mesma direção do punho, o cotovelo está abaixo da linha da mesa, e o monitor abaixo da linha dos olhos.

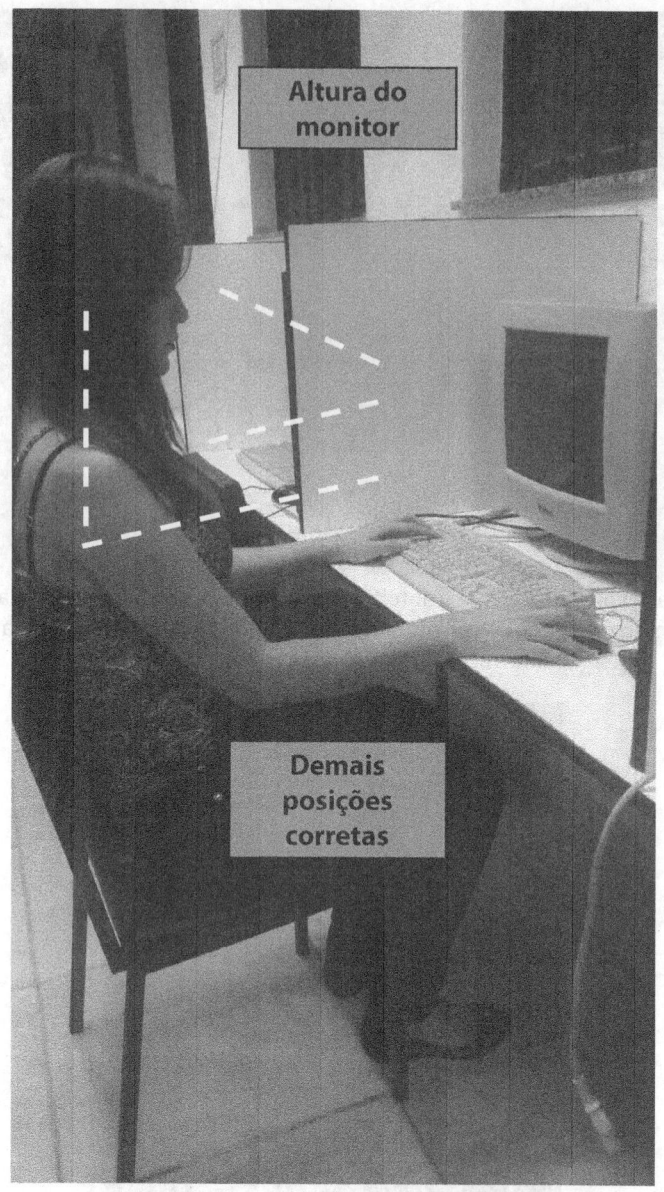

Na figura acima, a pessoa está com antebraço alinhado na mesma altura da mesa e das mãos, sentado de forma correta referente à cadeira, conforme a demarcação das linhas pontilhadas, apenas o monitor do computador está abaixo da linha dos olhos.

Na figura acima, o indivíduo está completamente fora dos padrões posturais, com as costas fora do encosto da cadeira, pernas estendidas, cotovelo estendido. Enquanto o normal seria de acordo com a demarcação das linhas pontilhadas.

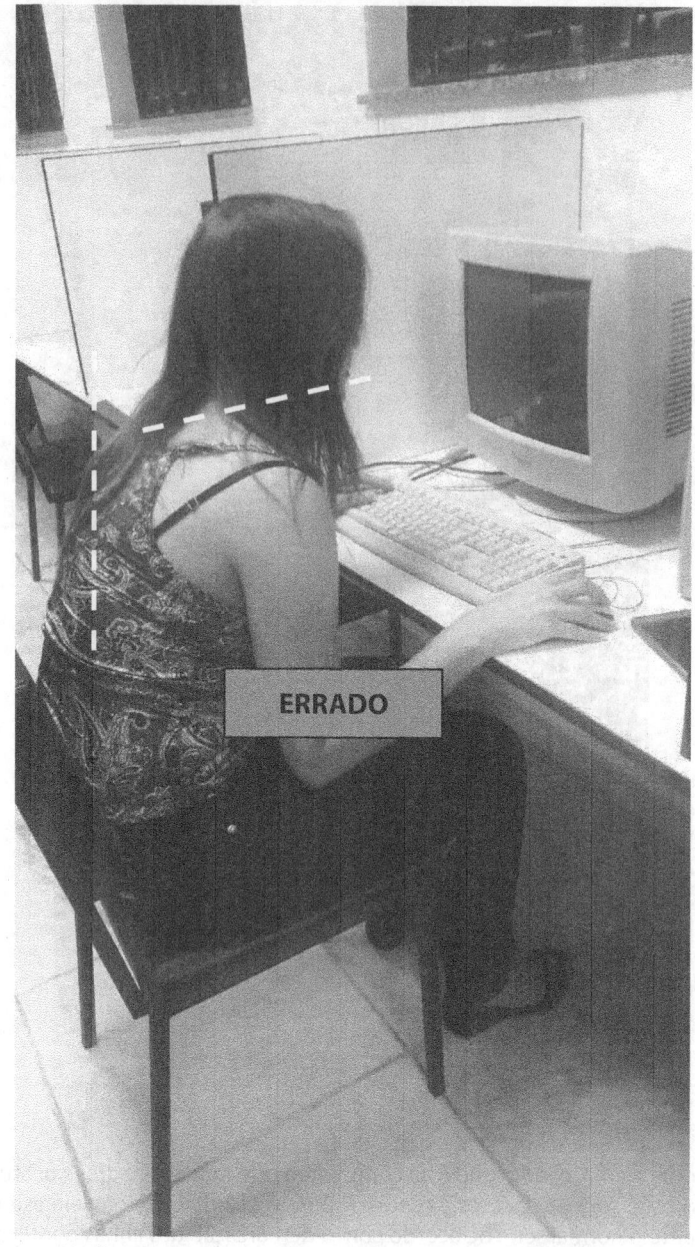

Na figura acima, a pessoa está fora dos padrões posturais referentes ao encosto da cadeira, com o dorso afastado do encosto, cotovelos abaixo da linha da mesa e das mãos.

Síndrome de *Burnout*

Mudanças nos processos de trabalho, tanto em nível de produção quanto de organização, têm ocasionado maiores exigências na qualidade do serviço prestado e, consequentemente, necessidade de desenvolvimento de novas habilidades por parte do trabalhador de diversos setores.

O impacto do trabalho na saúde física e mental dos profissionais tem sido considerado importante nos últimos anos. A atividade laboral pode ocupar grande parte do tempo e da vida dos profissionais que, de um modo geral, dedicam oito horas diárias por um período médio de trinta e cinco anos ao trabalho. O estímulo ou agente estressante é um elemento que interfere no equilíbrio homeostático do organismo e o estresse é a resposta a este estímulo, isto é, a necessidade de aumentar o ajuste adaptativo para retornar ao estado de equilíbrio. Assim, o estresse tem a função de ajustar a homeostase e de melhorar a capacidade do indivíduo para garantir-lhe a sobrevivência ou a sobrevida. O estresse quando vinculado ao trabalho, chamado de estresse ocupacional, refere-se à falta de capacidade do trabalhador de se adaptar às demandas existentes no trabalho e àquelas que ele próprio percebe. O estresse ocupacional ou laboral pode, ainda, referir-se ao conjunto de perturbações de cunho psicológico e ao sofrimento psíquico associado às experiências de trabalho, cujas demandas ultrapassam as capacidades físicas ou psíquicas do sujeito para enfrentar as solicitações do meio ambiente profissional. Nesse sentido, o estresse caracteriza-se como uma resposta adaptativa do organismo diante de novas situações, especialmente aquelas apreendidas como ameaçadoras.

Muitas são as abordagens que buscam entender e explicar o estresse, mas os principais fatores de consenso na literatura, que estão associados com reações de estresse ocupacional, são divididos em seis grupos, conforme explica Rout e Rout (2002) *apud* Martins (2011):

1. Fatores intrínsecos ao trabalho: envolvem condições inadequadas de trabalho, turno, carga horária, remuneração, viagens, riscos, nova tecnologia e quantidade de trabalho;

2. Estressores relacionados ao papel no trabalho: envolvem tarefas ambíguas, conflitos na execução de tarefas e grau de responsabilidade;

3. Relações no trabalho: envolvem relações difíceis com o chefe, colegas, clientes e subordinados;

4. Estressores da carreira: envolvem falta de perspectiva de desenvolvimento, insegurança devido a reorganizações funcionais ou crises que afetam o emprego;

5. Estrutura organizacional: envolve falta de participação em decisões, estilos problemáticos de gerenciamento e pobre comunicação no trabalho;

6. Interface trabalho-casa: envolve os problemas que surgem da relação de conflito entre as exigências do trabalho e familiares.

No entanto, esse processo é individual, com variações sobre a percepção de tensão e manifestações psicopatológicas diversas. Pode gerar uma diversidade de sintomas físicos, psíquicos e cognitivos, por requerer respostas adaptativas prolongadas assim como superar, tolerar ou se adaptar aos agentes estressores, os quais podem comprometer o indivíduo e as organizações. A saúde mental abrange, entre outras coisas, o bem-estar subjetivo, a autoeficácia percebida, a autonomia, a competência e a autorrealização do potencial intelectual e emocional da pessoa. Tal conceito associado à saúde do trabalhador indica que estar saudável ou não pode ser determinado pela interação do trabalhador, suas estruturas de suporte mental e os elementos do processo de trabalho. No mundo do trabalho contemporâneo, as formas utilizadas de disciplinamento para o aumento da produtividade e da qualidade dos produtos podem trazer consequências sérias e imediatas à saúde do trabalhador. As formas de organização do trabalho e as condições de trabalho impostas, caracterizadas pelo aumento das pressões produtivas, isolamento gerados pelas novas relações competitivas e de busca de destaque para manutenção do emprego, quanto mais intensas e precárias, mais desgastam o trabalhador, anulando-os como sujeito e cidadão e sendo responsáveis pelo aumento de algumas patologias corporais e mentais da atualidade, dentre as quais estão a Síndrome de *Burnout*.

O termo *Burnout* foi primeiramente divulgado pelo médico Herbert Freundenberger em uma Revista de Psicologia em 1974, porém, Maslach e Pines, psicólogos sociais, foram os divulgadores do termo em 1977, no Congresso Anual da Associação Americana de Psicólogos. *Burn*, em inglês, significa queimar, *out*, é algo fora, exteriorizado. Herbert Freudenberger foi um médico psicanalista que começou a observar as pessoas que trabalhavam com ele, e percebeu que viviam fases graduais de desgaste no humor e desmotivação, começando aí estudos para identificar qual era a origem. *Burnout* é uma resposta ao estresse laboral crônico e se trata de uma experiência subjetiva de caráter negativo que é composta por cognições, emoções e atitudes negativas no ambiente de trabalho. Nos anos de 1975 e 1977, complementou-os com a inclusão dos comportamentos de fadiga, depressão, irritação, aborrecimento, sobrecarga de trabalho, rigidez e inflexibilidade. O *Burnout* é caracterizado pelo conjunto de sinais e sintomas físicos e psíquicos citados no parágrafo anterior, consequentes da má adaptação ao trabalho e com intensa carga emocional e pode estar acompanhado de frustração em relação a si e ao trabalho. A Síndrome de *Burnout* (SB) ou "do Esgotamento Profissional" é uma síndrome psicológica decorrente da tensão emocional crônica vivenciada pelo trabalhador, caracterizada por exaustão emocional, despersonalização e baixa realização pessoal que pode acometer profissionais cujo trabalho requer contato direto com o público, especialmente quando envolve cuidados e atividades assistenciais. Apesar de serem crescentes os estudos acerca da síndrome, o combate a ela pode ser considerado um fator preocupante, pois pessoas com *Burnout* estão sendo diagnosticadas como tendo estresse, depressão ou outra doença. A Síndrome de *Burnout* é um processo de enfraquecimento decorrente de um período prolongado de estresse profissional. É uma resposta à tensão crônica no trabalho, gerada a partir do contato direto e excessivo com outras pessoas, devido à tensão emocional constante, atenção concentrada e grande responsabilidade profissional. O *Burnout* é um fenômeno psicossocial relacionado ao contexto laboral e que acomete trabalhadores que desenvolvem suas atividades de forma direta e emocional com o público. A Síndrome de *Burnout* é uma experiência subjetiva de caráter negativo constituída de cognições, emoções e atitudes negativas com relação ao trabalho e com as pessoas, as quais tem que se relacionar em função do mesmo. É uma resposta ao estresse laboral crônico. A SB é reconhecida mundialmente como um dos grandes problemas psicossociais que afetam a qualidade de vida de profissionais de diversas áreas, principalmente naquelas que envolvem cuidados com saúde, educação e serviços humanos. Um dos profissionais mais acometidos pela síndrome é o enfermeiro. A OMS (Organização Mundial de Saúde) considerou o *Burnout* como uma das principais doenças entre europeus e americanos, assim como diabetes e doenças cardiovasculares.

O Brasil, numa pesquisa realizada pela International Stress Association publicada em 2003 no Jornal *"O Tempo"*, assumiu a segunda posição em um *ranking* sobre níveis de estresse. Perdendo apenas para o Japão. Entre as profissões que mais sofreram com a síndrome, de acordo com a pesquisa, estão: seguranças, controladores de voo, executivos em geral, profissionais de saúde e jornalistas. Os controladores de voo ocuparam o primeiro lugar por muito tempo, no entanto, mudanças tecnológicas auxiliaram para melhores condições e menos pressão no trabalho. Na literatura brasileira não é vasta a relação do *Burnout* e sua prevalência. No Rio Grande do Norte, uma pesquisa constatou que 93% dos participantes de três hospitais universitários apresentavam nível moderado de *Burnout*. A Sociedade Brasileira de Cancerologia observou níveis moderados ou graves em 15,7% dos médicos. Outra classe muito estudada quando o assunto é *Burnout*, os educadores/professores. Destes 26%, da amostra estudada, apresentaram exaustão pelo trabalho. Em estados como Minas Geras e Ceará o índice chegou a 17% e no Rio Grande do Sul em 39% (Trigo *et al*, 2007). Há, também, que se preocupar com empresas que ainda tratam o *Burnout* como se fosse um problema individual do trabalhador. Já se gastou muito com questões como "colocar a pessoa certa no lugar certo" (p. 6) ou em treinamentos e aperfeiçoamento de funcionários, e que seria lastimável não investirem em condições favoráveis de trabalho e estratégias que auxiliem no combate ao *Burnout*. O trabalho desenvolvido por profissionais de enfermagem não fica fora dessa realidade. Possui características que podem predispor estes indivíduos a um nível de sofrimento que vai além do estresse, como: sobrecarga de trabalho, desgaste físico e emocional, contato direto com pessoas que necessitam de ajuda, contato com a morte e com o sofrimento de outras pessoas. Todos esses fatores em conjunto podem trazer implicações contraproducentes para o trabalho desses profissionais. Portanto, há necessidade de uma atitude proativa por parte da organização, no que diz respeito à saúde do trabalhador, visto que os benefícios são maiores quando se busca evitar que certa disfunção atrapalhe o funcionamento da organização.

Isto posto, os gastos para a organização tendem a se tornar menores com o desenvolvimento de estratégias que evitem os danos causados pela síndrome, pois evita o afastamento do indivíduo do ambiente de trabalho e o tratamento do mesmo. Os profissionais mais suscetíveis ao desenvolvimento da síndrome são os de natureza assistencial que trabalham diretamente em contato com outras pessoas, muitas vezes cuidando delas, como no caso dos profissionais de saúde (médicos, enfermeiros) ou tendo, simplesmente, que lidar com elas, como no caso dos profissionais de educação (professores). Porém, na década de 90, verificou-se que o alerta não se restringia somente às profissões citadas acima. *Burnout*, a partir de então, passava a ser considerado um fenômeno que afetava praticamente todas as profissões, tendo em vista que quase todas possuem algum tipo de contato interpessoal. Assim, hoje percebesse que, pela própria natureza e funcionalidade do cargo, há profissões de risco e de alto risco, sendo poucas as não suscetíveis a ocorrências de *Burnout*. *Burnout* é considerado um fenômeno que afeta praticamente todas as profissões, tendo em vista que quase todas possuem algum tipo de contato interpessoal. Este pode ocorrer na forma de atendimento de clientes, consumidores, os colegas e também supervisores, é importante considerar também que a modalidade de trabalho atual, em grupo e em equipes, também tem exigido contatos mais frequentes e intensos. Assim, hoje percebesse que, pela própria natureza e funcionalidade do cargo, há profissões de risco e de alto risco, sendo poucas as não suscetíveis a ocorrências de *Burnout*.

Em estudo conduzido com 119 professores da rede pública, 70,13% apresentavam sintomas de *Burnout*. Dentre eles, 85% sentiam-se ameaçados em sala de aula, 44% cumpriam uma jornada de trabalho superior a 60 horas semanais e 70% tinham idade inferior a 51 anos. Nesse estudo, constatou-se que a SB em professores relaciona-se à violência instalada em sala de aula, à jornada excessiva, aos baixos salários, à idade do professor (associada à falta de experiência profissional) e à formação continuada deficitária. Os serviços de atenção à saúde guardam especificidades que lidam com a dor, com o sofrimento e com os mal-estares orgânico, emocional e social das pessoas. Requer dos profissionais uma carga adicional de competências interpessoais, além de estarem presentes as condições inerentes ao trabalho, como o trabalho em turnos e as escalas de fortes pressões externas. Uma pesquisa com 151 profissionais de enfermagem em um hospital de grande porte da Região Sul do Brasil detectou que 54 (35,7%) dos trabalhadores apresentaram SB. Para Barros, enfermeiros, técnicos e auxiliares de enfermagem fazem parte de uma profissão caracterizada por ter, em sua essência, o cuidado e o contato direto com pacientes e familiares. Entre os diferentes fatores que podem comprometer a saúde do trabalhador, o ambiente de trabalho é apontado como gerador de conflito quando o indivíduo percebe o hiato existente entre o compromisso com a profissão e o sistema em que estão inseridos. No tocante à organização, destacam-se a indefinição do papel do profissional, a sobrecarga de trabalho e a falta de autonomia, que geram um estado de estresse crônico e, por conseguinte, a SB. Um estudo avaliou a qualidade de vida dos anestesiologistas da cidade do Recife e identificou que 44,6% deles têm percepção negativa ou indefinida sobre sua qualidade de vida. A prevalência da SB apontada por estudo em intensivistas da cidade de Salvador foi de 63,3%. O trabalho exercido por esses profissionais foi classificado como de alta demanda psicológica, o que implica maiores riscos à saúde do trabalhador. Profissionais médicos em período de formação, conhecido como "residência médica", também constituem importante grupo vulnerável ao desenvolvimento da síndrome. Em estudo desenvolvido em um hospital filantrópico da cidade de São

Paulo, metade dos participantes tinha sintomas equivalentes à SB e apontou como fatores preditores quesitos como a exaustiva jornada de trabalho, a falta de reconhecimento da instituição pelo trabalho prestado e a remuneração deficitária. Na avaliação de *Burnout* em profissionais do corpo de bombeiros, a amostra revelou que 64,71% apresentaram ausência total da síndrome e 35,29% apresentaram fatores de risco para o desenvolvimento de SB. A profissão de bombeiro faz com que o profissional tenha de lidar com riscos psicossociais e biológicos, como, por exemplo, exposição a sangue contaminado e privação do sono. No entanto, a reatividade diante de determinada situação já instalada, como o adoecimento do indivíduo, se torna imprescindível, pois se não houve a prevenção, é necessário o tratamento do mesmo.

Na SB há comprometimento na qualidade do trabalho. Os custos emocionais ao cuidador no contexto da assistência em saúde levam a prejuízos no desempenho e na própria saúde do profissional. Como já foi afirmado, a Síndrome de *Burnout* é desencadeada por um processo prolongado de níveis de estresse que ocorre quando os métodos de seu enfrentamento falharam ou foram insuficientes. Sendo seu surgimento paulatino cumulativo, seu incremento é progressivo em severidade, não sendo percebido pelo indivíduo, que geralmente se recusa a acreditar estar acontecendo algo de errado com ele. Muitas vezes seus sintomas podem ser confundidos com estresse ou depressão.

Os sintomas de *Burnout* são enquadrados em quatro subdivisões: os sintomas físicos, psíquicos, comportamentais e defensivos, no entanto, nem sempre uma pessoa com Síndrome de *Burnout* vai apresentar todos os sintomas, isso vai variar de acordo com os fatores individuais, ambientais e a etapa em que se encontra no processo da síndrome. Cabe ressaltar ainda que pessoas que estão apenas com estresse podem apresentar os sintomas físicos, comportamentais e psíquicos, porém os sintomas defensivos são exclusivos do *Burnout*.

A exaustão emocional ocorre quando o indivíduo percebe não possuir mais condições de despender energia que o seu trabalho requer. Algumas das causas apontadas para a exaustão é a sobrecarga de atividades e o conflito pessoal nas relações, entre outras. A exaustão emocional abrange sentimentos de desesperança, solidão, depressão, raiva, impaciência, irritabilidade, tensão, diminuição de empatia; aumento da suscetibilidade para doenças, cefaleia, náuseas, tensão muscular, dor lombar ou cervical, distúrbios do sono. O distanciamento afetivo provoca a sensação de alienação em relação aos outros, sendo a presença destes muitas vezes desagradável e não desejada. A despersonalização, considerada uma dimensão típica da Síndrome de *Burnout*, é um elemento que distingue esta síndrome do estresse, apresenta-se como uma maneira do profissional se defender da carga emocional derivada do contato direto com o outro. Devido a isso, desencadeiam-se atitudes insensíveis em relação às pessoas nas funções que desempenha, ou seja, o indivíduo cria uma barreira para não permitir a influência dos problemas e sofrimentos alheios em sua vida. O profissional em *Burnout* acaba agindo com cinismo, rigidez ou até mesmo ignorando o sentimento da outra pessoa. Já a reduzida realização profissional ocorre na sensação de insatisfação que a pessoa passa a ter com ela própria e com a execução de seus trabalhos, derivando daí, sentimentos de incompetência e baixa autoestima. A primeira dimensão a surgir é a da exaustão emocional proveniente das demandas excessivas do trabalho, em seguida ocorre, como resposta defensiva, a fase de despersonalização ou desumanização, caracterizada pelo afastamento psicológico do profissional de sua clientela e relações sociais. Os indivíduos que estão neste processo de desgaste estão sujeitos a largar o emprego, tanto psicológica quanto fisicamente. Eles investem menos tempo e energia no trabalho fazendo somente o que é absolutamente necessário e faltam com mais frequência. Além de trabalharem menos, não trabalham tão bem. Trabalho de alta qualidade requer tempo e esforço, compromisso e criatividade, mas o indivíduo desgastado já não está disposto a oferecer isso espontaneamente. A queda na qualidade e quantidade de trabalho produzido é o resultado profissional do desgaste. E por fim surge a última fase, que é o sentimento de incompetência e inadequação profissional, chamada de redução do sentimento de realização profissional. Alguns autores como Mitchell e Bray *apud* Barthollo (2016) apresentam os sintomas entendidos em fases da seguinte forma: Fase do aviso: os primeiros sinais são de natureza emocional como ansiedade, depressão, tédio, apatia, fadiga emocional. Podem levar até um ano para aparecer e pequenas mudanças na rotina da pessoa podem reverter os sintomas. Fase dos sintomas moderados: se ignorados os sintomas da primeira fase se agravam e trazem consigo outros sintomas físicos como: distúrbios do sono, dores de cabeça, resfriados, problemas estomacais, dores musculares, fadiga física e emocional, irritabilidade, isolamento e depressão. Fase da consolidação: e, por fim, experenciam-se sintomas como fadiga emocional e física generalizada, abuso de substâncias como álcool, medicamentos e cigarros, pressão alta, problemas cardíacos, enxaqueca, alergias sendo a mais comum a de pele, problemas de relacionamento em ambientes generalizados, redução de apetite, perda de interesse sexual, ansiedade, choros constantes, depressão e pensamentos rígidos. Neste estágio torna-se necessário auxílio médico e psicológico urgente e, por muitas vezes, afastamento do local ou mudança de função no trabalho.

Outros sintomas

A Síndrome de *Burnout* parece resultar de fatores internos (vulnerabilidade biológica e psicológica) e externos (o ambiente de trabalho). Resultados de pesquisas em diversas partes do mundo podem ser considerados como fatores externos, algumas situações tais como: O papel do diretor, pois é preciso que tenha competência interpessoal, isto é, que seja perceptivo, saiba ouvir, seja empático e consiga resolver conflitos. Ele tem papel central no *Burnout* do professor, tanto no sentido positivo, como fonte de apoio, quanto no negativo, como fonte de estresse e *Burnout*. Outro fator relevante são os conflitos, ambiguidade, excesso de funções, jornada de trabalho com horas excessivas, necessidade de ter mais de um emprego e consequentemente, falta de tempo livre. Excesso de burocracia, indisciplina dos alunos, falta de integração social no trabalho, falta de apoio dos colegas, elevadas expectativas dos superiores, dos pais e da comunidade em relação ao seu trabalho. Já os fatores internos ou pessoais do professor capazes de desencadear o *Burnout* incluem: vulnerabilidade biológica — a pessoa pode ter uma predisposição genética para maior excitabilidade orgânica, para depressão ou ansiedade de origem biológica; vulnerabilidade psicológica — entre elas: perfeccionismo; centralização de atividades, expectativas elevadas. Outros fatores psicológicos e comportamentais capazes de contribuir para o desenvolvimento do *Burnout* podem envolver: a escolha profissional equivocada, aptidões e características de personalidade gerando uma sensação de inadequação no trabalho, problemas pessoais, doenças, mudanças ou conflitos familiares, perdas, falta de preparo e competência para desempenhar seu papel, afastamento da família por excesso de trabalho, perdendo-a como fonte de apoio.

Nem sempre as pessoas com a Síndrome de *Burnout* observam todos os sintomas. Entre os sintomas físicos: fadiga constante e progressiva; distúrbios do sono; dores musculares ou osteomusculares; cefaleias, enxaquecas; perturbações gastrointestinais; imunodeficiência; transtornos cardiovasculares; distúrbios do sistema respiratório; disfunções sexuais; alterações menstruais nas mulheres; sintomas de ordem psíquica: falta de atenção, de concentração; alterações de memória; sentimento de alienação; sentimento de solidão; impaciência; sentimento de insuficiência; baixa autoestima; labilidade emocional; dificuldade de autoaceitação; astenia; desânimo; depressão; desconfiança. Sintomas de ordem comportamental: negligência de escrúpulos; irritabilidade; agressividade; incapacidade para relaxar; dificuldade na aceitação de mudanças; perda de iniciativa; aumento do consumo de álcool, substâncias químicas e até o suicídio. Sintomas defensivos: tendência ao isolamento; sentimento de onipotência; perda do interesse pelo trabalho (ou até pelo lazer); absenteísmo; ironia, cinismo.

Implicações do *Burnout* no mercado de trabalho

O *Burnout* tem sido considerado um problema de ordem social e de grande relevância, já que seus custos organizacionais vêm aumentando, com o decorrer dos crescentes casos de trabalhadores afetados. Alguns destes custos devem-se a rotatividade de pessoal, absenteísmo, problemas de produtividade e qualidade e também por associar-se a vários tipos de disfunções pessoais, como o surgimento de graves problemas psicológicos e físicos podendo levar o trabalhador à incapacidade total para o trabalho. A Síndrome de *Burnout* possui a perspectiva clínica e a psicossocial. A primeira entende a Síndrome como um estado atingido pelo sujeito como consequência do estresse no trabalho, e a segunda define *Burnout* como um processo desenvolvido pela interação das características do contexto de trabalho e as características pessoais do sujeito.

As primeiras pesquisas sobre a Síndrome de *Burnout* foram resultados de outros estudos que avaliavam as emoções e a maneira de como as pessoas as administravam. Elas foram desenvolvidas em profissionais, cuja natureza de trabalho necessitava manter contado direto, frequente e emocional com outras pessoas. Definido como um fenômeno multidimensional, a Síndrome de *Burnout* é formada por três dimensões específicas: exaustão emocional, despersonalização e diminuição do sentimento de realização profissional no trabalho. A exaustão emocional compreende a falta de esperança, sentimento de solidão, irritação, tristeza, raiva, pessimismo, cansaço emocional, físico e mental. O profissional sente que não tem mais a capacidade de assistir (ajudar) as pessoas e enorme sensação de esgotamento. A despersonalização é a perda do sentimento de que estamos lidando com outro ser humano, prevalecendo assim o cinismo e a crítica exacerbada em relação a tudo (pessoas e ambiente de trabalho), ou seja, o profissional age com indiferença em frente ao sofrimento de outrem. Já a diminuição do sentimento de realização profissional no trabalho compreende em uma sensação de impotência em alcançar a realização de seus objetivos e a perda do valor do que já foi alcançado. Os sintomas desta síndrome se agrupam em algumas áreas: psicossomática, conduta, emocional, de defesa, falta de energia e entusiasmo, desinteresse pelos alunos, percepção de frustração e desmotivação, alto absenteísmo, desejo de trocar de posto de trabalho constituem, no trabalhador docente, algumas das manifestações desta doença. Influenciam também na produção e qualidade do serviço prestado, além de aumentar o absenteísmo (faltas ou ausências no trabalho) provocando desorganização e a sobrecarga neste ambiente. Atualmente o *Burnout* é considerado um agravo de cunho psicossocial que afeta o ambiente de trabalho, devido suas implicações na vida dos profissionais acometidos por ele.

Embora a Síndrome de *Burnout* já seja reconhecida como doença na Classificação Internacional das Doenças n. 10 (CID-10), com o código Z-73.0, e contemplada no Decreto n. 3048 de 06 de maio de 1999 do Ministério da Previdência e Assistência Social do Brasil (*Diário Oficial da União*, 12 maio 1999 – n. 89), que apresenta, na Lista B do Regulamento da Previdência, a Nova Lista de Doenças Profissionais e Relacionadas ao Trabalho (Ministério da Saúde, 1999), sua dimensão e caracterização específica são pouco conhecidas. Partindo desse pressuposto é importante conhecer os fatores que estão associados a esta síndrome no sentido de amenizar as possíveis consequências causadas por esse mal.

Exemplos de problemas na lista do CID e a Síndrome de *Burnout*.

CID 10 – Z73 Problemas relacionados com a organização de seu modo de vida

CID 10 – Z73.0 Esgotamento

CID 10 – Z73.1 Acentuação de traços de personalidade

CID 10 – Z73.2 Falta de repouso e de lazer

CID 10 – Z73.3 *Stress* não classificado em outra parte

CID 10 – Z73.4 Habilidades sociais inadequadas não classificadas em outra parte

CID 10 – Z73.5 Conflito sobre o papel social, não classificado em outra parte

CID 10 – Z73.6 Limites impostos às atividades por invalidez

CID 10 – Z73.8 Outros problemas relacionados com a organização do seu modo de vida

CID 10 – Z73.9 Problema relacionado com a organização de seu modo de vida não especificado

A organização do serviço onde o sujeito está inserido assim como o próprio ambiente de trabalho e as suas características têm um papel importante no bem-estar e desempenho do profissional. A comunicação, a participação ativa na própria organização e em tomadas de decisões, autonomia, a existência de supervisões disponíveis e a sua relação com os subordinados, são algumas das variáveis das estruturas organizativas, que podem condicionar o aparecimento da *Burnout*. Por meio de pesquisas teórica e empírica, alguns estudos se dedicam a detectar as variáveis que são responsáveis pelo desencadeamento da Síndrome de *Burnout*. A maior parte das evidências detectadas sobre o assunto sugere que os fatores ambientais, especialmente as características do ambiente do trabalho, estão fortemente relacionados à *Burnout* do que os fatores interpessoais, como as variáveis demográficas e de personalidade. Desse modo, ambientes de trabalho que se caracterizam por elevados níveis de conflitos de papéis são mais difíceis e desagradáveis para se trabalhar, exigindo muito esforço do trabalhador, levando-o a um maior desgaste.

A primeira dimensão a surgir é a da exaustão emocional proveniente das demandas excessivas do trabalho, em seguida ocorre, como resposta defensiva, a fase de despersonalização ou desumanização, caracterizada pelo afastamento psicológico do profissional de sua clientela e relações sociais. E por fim, surge a última fase, que é o sentimento de incompetência e inadequação profissional, chamada de redução do sentimento de realização profissional. A Síndrome de *Burnout* possui a perspectiva clínica e a psicossocial. A primeira entende a Síndrome como um estado atingido pelo sujeito como consequência do estresse no trabalho, e a segunda define *Burnout* como um processo desenvolvido pela interação das características do contexto de trabalho e as características pessoais do sujeito. No que diz respeito ao diagnóstico da Síndrome de *Burnout*, existem alguns instrumentos que têm sido utilizados para esse fim. No Brasil, há estudos com o IBP – Inventário de *Burnout* para Psicólogos, que afere o *Burnout* em psicólogos, o CBB – Cuestionário Breve de *Burnout* de MorenoJimenez e o CBP-R – Cuestionário de *Burnout* para Profesores Revisado (Moreno-Jiménez, Garroza & González, 2000), que estão sendo efetuados pelo GEPEB.

Em 1978, Christina Maslash e Susan Jackson elaboraram um instrumento visando avaliar a incidência da Síndrome de *Burnout*, o chamado Maslash *Burnout* Inventory (MBI). Esse instrumento foi aplicado inicialmente em enfermeiros, pois, Maslash & Jackson consideravam essa profissão com mais predisposição à síndrome. O MBI foi o primeiro instrumento a ser criado visando avaliar a incidência da Síndrome de *Burnout*, e hoje tem sido um instrumento amplamente utilizado nas diversas profissões para avaliar como os profissionais vivenciam seus trabalhos. Vale ressaltar que ele é auto-administrável, e que foi primeiramente aplicado em enfermeiros, já que esses profissionais estavam incluídos no rol de profissões de natureza assistencial, que Maslach e Jackson consideravam os mais predispostos à síndrome. Além disso, esse inventário no decorrer dos anos passou por um longo processo de validação em vários países, inclusive no Brasil.

Pesquisadores (Maslach, Schaufeli, Leiter, 2001) pontuam que embora algumas questões sejam divergentes nas definições do *Burnout*, há no mínimo cinco elementos comuns: a) existe a predominância de sintomas relacionados a exaustão mental e emocional, fadiga e depressão; b) a ênfase nos sintomas comportamentais e mentais e não nos sintomas físicos; c) os sintomas do *Burnout* são relacionados ao trabalho; d) os sintomas manifestam-se em pessoas "normais" que não sofriam de distúrbios psicopatológicos antes do surgimento da síndrome; e) a diminuição da efetividade e desempenho no trabalho ocorre por causa de atitudes e comportamentos negativos. Essa síndrome seria resultante do conflito entre o indivíduo e seu trabalho que culminaria em um processo de desgaste caracterizado pelo aumento de sentimentos de exaustão emocional, atitudes de cinismo frente aos clientes e uma tendência à avaliação negativa devido à insatisfação do indivíduo com seu trabalho.

Além disso, a síndrome seria mais comum em profissões de natureza assistencial devido ao contato direto com pessoas. É importante ressaltar que o conceito de *Burnout* se concretizou a partir da elaboração do MBI, pois a definição da síndrome que é mais aceita nos dias de hoje é resultado da análise fatorial deste instrumento, que conceitualiza a síndrome como sendo caracterizada pela exaustão emocional, despersonalização e falta de realização pessoal.

Estudos e pesquisas sobre estresse e *Burnout*, contudo, destaca-se o instrumento Maslach *Burnout* Inventory (M.B.I.), um questionário amplamente difundido no mundo todo para a avaliação de *Burnout* em termos das três dimensões que, segundo a perspectiva psicossocial, compõem a síndrome. Esse questionário é composto por 22 itens, onde o sujeito avaliado responde com uma frequência de 6 graus, isto é, frente a cada um dos itens, indica-se o grau de intensidade ou frequência, variando de (7) totalmente em acordo a (1) totalmente em desacordo. Pelo M.B.I., são analisadas três sub-escalas denominadas de "exaustão emocional", "despersonalização" e "realização pessoal". A "exaustão emocional" é composta por 09 questões, que traduzem sentimentos de estar emocionalmente exausto e esgotado com o trabalho. A "despersonalização", formada por 05 itens, descreve respostas impessoais. A "realização pessoal", constituída por 08 questões, descreve sentimentos ao nível da capacidade e sucesso alcançados no trabalho com pessoas e, esta última está inversamente correlacionada com a síndrome. Quanto à interpretação das pontuações, um nível baixo de *Burnout* reproduz-se em scores baixos nas sub-escalas de "exaustão emocional" e "despersonalização" e escores elevados na "realização pessoal". Um nível médio de *Burnout* é representado por valores médios nos escores das três sub-escalas e um nível alto de *Burnout* revela-se em scores altos para as sub-escalas de "exaustão emocional" e "despersonalização" e scores baixos na "realização pessoal". É importante destacar que a utilização isolada de algum desses instrumentos não garante uma avaliação correta do *Burnout*. Faz-se necessário, além do conhecimento profundo nessa temática, o levantamento de informações por meio de entrevistas (com o interessado, assim como com companheiros de trabalho e família), avaliar as condições organizacionais da instituição onde vinham sendo desenvolvidas as atividades ocupacionais e instrumentos que permitam uma avaliação extensa das condições psicológicas. O conjunto desses elementos subsidiará a realização de um bom diagnóstico e inclusive a determinação de um diferencial em relação ao estresse e/ou depressão, bem como a aquilatação da extensão e gravidade do caso. Considera-se de fundamental importância o conhecimento sobre *Burnout*, bem como sua avaliação, uma vez que esses fatores consistem nos primeiros passos para o caminho da manutenção da saúde e da qualidade de vida do trabalhador exposto aos fatores de risco dessa síndrome.

A versão atual do MBI é composta por 22 perguntas fechadas (ver Quadro 1) relacionadas à frequência com que as pessoas vivenciam determinadas situações em seu ambiente de trabalho. Apresenta escala do tipo Likert, com escala ordinal variando de 1 a 7 (1-nunca, 2-algumas vezes por ano, 3-uma vez por mês, 4-algumas vezes por mês, 5-uma vez por semana, 6-algumas vezes por semana e 7-todos os dias).

Quadro 1 — Variáveis do MBI
SB1. Sinto-me emocionalmente esgotado (a) com o meu trabalho.
SB2. Sinto-me esgotado (a) no final de um dia de trabalho.
SB3. Sinto-me cansado (a) quando me levanto pela manhã e preciso encarar outro dia de trabalho.
SB4. Posso entender com facilidade o que sentem as pessoas.
SB5. Creio que trato algumas pessoas como se fossem objetos.
SB6. Trabalhar com pessoas o dia todo me exige um grande esforço.
SB7. Lido eficazmente com o problema das pessoas.
SB8. Meu trabalho deixa-me exausto (a).
SB9. Sinto que através do meu trabalho influencio positivamente na vida dos outros.
SB10. Tenho me tornado mais insensível com as pessoas.
SB11. Preocupa-me o fato de que este trabalho esteja me endurecendo emocionalmente.
SB12. Sinto-me com muita vitalidade.
SB13. Sinto-me frustrado (a) com meu trabalho.
SB14. Creio que estou trabalhando em demasia.
SB15. Não me preocupo realmente com o que ocorre às pessoas a que atendo.
SB16. Trabalhar diretamente com as pessoas causa-me estresse. SB17
SB17. Posso criar facilmente uma atmosfera relaxada para as pessoas.
SB18. Sinto-me estimulado (a) depois de trabalhar em contato com as pessoas.
SB19. Tenho conseguido muitas realizações em minha profissão.
SB20. Sinto-me no limite de minhas possibilidades.
SB21. Sinto que sei tratar de forma adequada os problemas emocionais no meu trabalho.
SB22. Sinto que as pessoas culpam-me de algum modo pelos seus problemas.
Fonte: Maslach *Burnout* Inventory

Fatores de risco

Para Szklar, 2011, dentro dos fatores de risco, encontra-se quatro grupos onde se podem desenvolver a Síndrome de *Burnout*, que são: A organização, o indivíduo, o trabalho e a sociedade. Dentro da organização do trabalho encontram-se fatores como: Excesso de normas, falta de autonomia (dependência de deliberações superiores), frequentes mudanças organizacionais como as alterações de normas e regras; mau relacionamento entre a equipe, impossibilidade de ascendência na carreira, entre outras. O indivíduo: Tipo de personalidade, caráter, nível educacional, gênero, entre outros. O trabalho: Nível de sobrecarga, baixo nível de decisão, atividade laboral, trabalho por turno, responsabilidade sobre a vida de outros. Sociais: Suporte social e familiar, valores e normas culturais. Segundo Assato, 2009, entre os fatores de risco possivelmente ligados ao aparecimento da Síndrome de *Burnout* está a pouca autonomia no trabalho, problemas de se relacionar com as chefias, dificuldades de relacionamento com colegas de trabalho ou clientes, divergências entre trabalho e família, sentimento de desqualificação e falta de cooperação da equipe.

A inserção de trabalhadores nos processos de produção aliada às mudanças tecnológicas, que possibilitaram às empresas o aumento da produtividade bem como dos lucros, trouxe consigo, quase sempre, exposição dos trabalhadores a uma diversidade de cargas tanto na esfera física quanto emocional as quais vem acarretando impactos negativos à sua saúde. O estresse no trabalho é decorrente da inserção do indivíduo nesse contexto, pois o trabalho pode representar fonte de satisfação ou insatisfação pessoal. Isso ocorre quando o ambiente de trabalho é percebido como uma ameaça ao indivíduo, repercutindo no plano pessoal e profissional, com demandas maiores do que a sua capacidade de enfrentamento. O surgimento de novas enfermidades relacionadas às mudanças introduzidas no mundo do trabalho tem sido muito apontado nas produções científicas das últimas décadas. Estudos pioneiros sobre o assunto ocorreram na década de 1970 e basearam-se na experiência de trabalhadores cuja tarefa compreendia o cuidado de pessoas e a provisão de suas necessidades, como professores e trabalhadores da área da saúde. Porém, o trabalho também ocorre dentro de organizações com hierarquias, funções, papéis, recursos e relações interpessoais (colegas, chefias, público), e o contexto em que a atividade se realiza também deve ser levado em conta. A Síndrome de *Burnout* resulta do estresse crônico, típico do cotidiano do trabalho, principalmente quando existe excessiva pressão, conflitos, poucas recompensas emocionais e reconhecimento. Um dos principais aspectos da sua ocorrência é a escassez de um senso de comunidade nas organizações, tais como a falta de qualidade nas interações interpessoais, presença constante de conflitos, falta de suporte, grupos fechados e dificuldades no trabalho em equipe. De forma geral, toda e qualquer atividade pode vir a desencadear um processo de *Burnout*, entretanto, algumas profissões têm sido apontadas como mais predisponentes por características peculiares das mesmas. As ocupações de mais risco são aquelas cujas atividades estão dirigidas a pessoas e que envolvam contato muito próximo, preferentemente de cunho emocional. Nesse sentido, o *Burnout* foi reconhecido como um risco ocupacional para profissões que envolvem cuidados com saúde, educação e serviços humanos. Em síntese, "quanto maior é a incongruência entre os valores, expectativas e objetivos do trabalhador e o seu trabalho, maior é a probabilidade de ocorrer *Burnout*".

Os índices de *Burnout* podem diferir segundo variáveis individuais, contexto laboral, organização do trabalho e país. A percepção dos trabalhadores sobre seu trabalho é fundamental no surgimento da Síndrome de *Burnout*, principalmente quando a atividade é vista como estressante ou como envolvendo pessoas que atrapalham o ambiente. Dados do International Stress Management Association (ISMA): 18% dos problemas de saúde profissional da comunidade europeia estão associados a doenças ansiosas e depressão, nos Estados Unidos e no Canadá 11% dos problemas estão associados ao estresse e no Brasil alcança 70%. Em estudo de equipe pertencente à OMS, considerou-se o *Burnout* como uma das principais doenças dos europeus e americanos, ao lado do diabetes e das doenças cardiovasculares. Nos Estados Unidos da América/EUA, o estresse e problemas relacionados, como o *Burnout*, provocam um custo calculado de mais de $150 bilhões anualmente para as organizações. As implicações financeiras específicas do *Burnout* merecem ser avaliadas diante da insatisfação, absenteísmo, rotatividade e aposentadoria precoce causados pela síndrome. No Canadá, estudo evidenciou que enfermeiros possuíam uma das taxas mais altas de licenças médicas entre todos os trabalhadores, o que se devia, principalmente, ao *Burnout*, ao estresse induzido pelo trabalho e às lesões musculoesqueléticas. Em relação à população geral, pouco se sabe sobre a prevalência do *Burnout*. Um levantamento alemão estimou que 4,2% de sua população de trabalhadores era acometida pela síndrome. No Brasil, a literatura encontrada nos bancos de dados utilizados não é vasta em relação ao *Burnout* e sua prevalência. No Rio Grande do Norte, um estudo realizado com 205 profissionais de três hospitais universitários constatou que 93% dos participantes de um dos hospitais apresentavam *Burnout* de níveis moderado e elevado.

Para a enumeração dos fatores de risco para o desenvolvimento do *Burnout*, são levadas em consideração quatro dimensões: a organização, o indivíduo, o trabalho e a sociedade. Tem-se que índices superiores associados com a Síndrome de *Burnout* quanto a organização são: burocracia, falta de autonomia, mudanças organizacionais frequentes, falta de confiança, respeito e consideração entre membros de equipe, comunicação ineficiente, ambiente físico e seus riscos; os fatores individuais são padrão de personalidade, *locus* de controle externo, super envolvimento; indivíduos pessimistas, indivíduos perfeccionistas, indivíduos controladores, indivíduos passivos, indivíduos com grande expectativa e idealismo em relação a profissão, gênero, nível educacional, estado civil. Já os fatores laborais são a sobrecarga, baixo nível de controle das atividades ou acontecimentos no próprio trabalho, sentimento de injustiça e de iniquidade, trabalho por turno ou noturno, tipo de ocupação, precário suporte organizacional e relacionamento conflituoso entre os colegas, relação muito próxima ao trabalhador com as pessoas a que deve atender conflitos e papel. Por fim, os fatores sociais equivalem à falta de suporte social e familiar, valores e normas culturais.

Consequências e implicações

Na literatura é possível encontrar uma lista bastante extensa de sintomas associados ao *Burnout*. De acordo com Benevides Pereira, estes sintomas podem ser subdivididos em físicos, psíquicos, comportamentais e defensivos, os quais serão listados a seguir: Físicos – fadiga constante e progressiva, distúrbios do sono, dores musculares e osteomusculares, cefaleias, enxaquecas, perturbações gastrointestinais, imunodeficiência, transtornos cardiovasculares, distúrbios respiratórios, disfunções sexuais e alterações menstruais em mulheres. Psíquicos – falta de atenção, alterações de memória, lentificação do pensamento, sentimento de alienação e solidão, impaciência, sentimento de insuficiência, baixa autoestima, labilidade emocional, dificuldade de autoaceitação, astenia, desânimo, disforia, depressão, desconfiança e paranoia. Comportamental – negligência ou excesso de escrúpulos, irritabilidade, incremento da agressividade, incapacidade para relaxar, dificuldade na aceitação de mudanças, perda de iniciativa, aumento do consumo de substâncias (bebidas alcoólicas, café, fumo, tranquilizantes, substâncias ilícitas, entre outras), comportamento de alto risco e suicídio. Defensivos – tendência ao isolamento, sentimento de onipotência, perda do interesse pelo trabalho ou até para o lazer, absenteísmo, ironia, cinismo.

É válido salientar que as manifestações sintomáticas dependerão das características da pessoa (fatores genéticos, por exemplo), do ambiente de trabalho e da etapa em que a pessoa se encontre no processo de desenvolvimento da síndrome. Por isso, nem todos que desenvolverem a Síndrome de *Burnout* apresentarão todos os sintomas e esses podem se expressar de forma diferente e em momentos distintos na mesma pessoa. A sintomatologia da Síndrome de *Burnout* não traz consequências nocivas apenas para o indivíduo acometido por ela. Tais consequências podem atingir o indivíduo de diversas maneiras, interferindo nos níveis pessoal, organizacional e social. Os indivíduos que desenvolvem a Síndrome de *Burnout* estão sujeitos a abandonar o emprego, devido a uma diminuição na qualidade de serviço oferecida, pois esses indivíduos investem menos tempo e energia no trabalho, fazendo somente o que é absolutamente necessário, além de faltarem com mais frequência. Nesse sentido, o indivíduo sente-se desmotivado, havendo uma predisposição a acidentes pela falta de atenção. Do ponto de vista organizacional, a Síndrome de *Burnout* está altamente correlacionada com a baixa satisfação pessoal no trabalho, baixa produtividade, diminuição na qualidade do trabalho, absenteísmo e rotatividade. Os transtornos devido a esses problemas, os custos com a contratação e treinamento de novos empregados, oneram a folha de pagamento e denigrem a imagem da empresa. Na vida social, destaca-se o isolamento social. O indivíduo afasta-se do grupo, podendo afetar o âmbito doméstico com o distanciamento dos familiares, incluindo filhos e cônjuge. Nesse sentido, atrelado a esse processo de avaliação, é de extrema necessidade a construção de estratégias preventivas que promovam o aumento da qualidade de vida e maior equilíbrio no ambiente de trabalho.

Prevenção

Diante do exposto anteriormente, é necessário e urgente que medidas preventivas e de promoção à saúde sejam implementadas, a fim de reduzir a incidência e minimizar os efeitos da Síndrome de *Burnout*. A adoção de estratégias individuais e organizacionais é fundamental para combater a síndrome e/ou minimizar seus efeitos sobre os trabalhadores. Nessa perspectiva, no que se refere às intervenções a nível individual, várias estratégias cognitivas comportamentais parecem úteis para melhorar as habilidades de enfrentamento e redução de *Burnout*. Tais estratégias envolvem programas de prevenção do *Burnout* que ajudam os indivíduos não só lidar com o estresse, mas para desenvolver qualidades mais positivas, tais como um senso de significado, gratidão e satisfação no trabalho, sendo áreas especialmente importantes para futuras pesquisas. Complementarmente às ações individuais, a organização também necessita ser flexível para facilitar as circunstâncias em que se desenvolvem as atividades do trabalho. Dessa forma, o trabalho deve se organizar de maneira a promover o bem-estar, recursos humanos e materiais suficientes, autonomia de participação e decisão, planejamento estratégico, lotação do funcionário em local que melhor se adapte ao seu perfil, resolução de conflitos de forma justa e incentivos ao trabalhador.

O efeito do reconhecimento e sentimento de justiça e respeito pôde ser identificado em um estudo realizado com trabalhadores de enfermagem do pronto-socorro de hospital universitário. A Síndrome de *Burnout* pode ser evitada, desde que a cultura da organização favoreça a execução de atividades preventivas, a partir da atuação em equipes multidisciplinares, resgatando as características afetivas de cada profissional que cuida do próximo. A organização deve acompanhar os conflitos que surjam nas equipes de trabalho e promover espaços de discussão para buscar soluções para essas desavenças, como também para amenizar os efeitos do estresse organizacional. Nesse aspecto, os gestores da instituição devem dar atenção especial ao favorecimento de condições de trabalho adequadas, que fomentem a saúde e o bem-estar dos seus empregados, ajustando a sobrecarga de trabalho para torná--la mais administrável, redistribuindo tarefas para quebrar a monotonia e favorecendo a resolução de conflitos interpessoais. A construção de grupos voltados para a prevenção da síndrome é um ponto importante para a sua prevenção. Neles, os trabalhadores de diversos cargos podem se reunir para troca de informações, orientações, experiências, sentimentos como frustração, insatisfação, angústia e estresse cotidiano e sobre as mais diversas questões relacionadas ao trabalho. Nessa perspectiva, é imprescindível atuar nesses aspectos organizacionais, possibilitando um ambiente de trabalho agradável, democrático, onde os funcionários possam influir na tomada de decisões. Isso pode ser evidenciado em um trabalho realizado com professores por uma psicopedagoga, o qual revelou que o grupo reflexivo permite que os educadores possam conversar e enfrentar seus problemas para compreenderem e buscarem uma solução. Tal estratégia revela ser uma ótima alternativa para evitar doenças mentais como a Síndrome de *Burnout*. A adoção de estratégias que contribuem para melhorias no ambiente de trabalho, tornando-o menos estressante não afeta somente os profissionais, mas também os que estão a sua volta, instituições e sociedade.

A solução dessa síndrome é focar suas ações em programas preventivos que normalmente enfatizam três níveis: Programas centrados na resposta do indivíduo, os quais criam no indivíduo condições de ter respostas para as situações negativas ou estressantes; Programas centrados no contexto ocupacional, que buscam a melhoria das condições no ambiente de trabalho e Programas centrados na interação do contexto ocupacional e o indivíduo. Esse último busca combinar o indivíduo e seu contexto ocupacional, com a finalidade de modificar as condições laborais e também as formas de enfrentamento do indivíduo diante das situações de estresse ocupacional, no entanto, antes de seguir esses programas preventivos, é necessário adotar a perspectiva cognitivo comportamental que estabelece alguns passos para a busca da prevenção: exposição didática sobre o estresse e o *Burnout* (conhecimento do problema), descobrir o agente causador do problema (reconhecimento do problema e perfil pessoal), aprendizagens de estratégias de enfrentamento em relação ao problema e a busca da solução do problema para modificá-lo ou adaptá-lo ao indivíduo (enfrentamento orientado ao problema). As profissões que se submetem a sobrecarga de movimento e tensão ocupacional, como por exemplo aquelas presentes em um pronto-socorro, é necessário haver um monitoramento periódico da saúde mental e física desses trabalhadores, estimulando a prática de exercícios físicos, alimentação balanceada nos horários corretos, um bom sono, momentos de lazer e prazer para o indivíduo, saber administrar o tempo e saber dizer "não". Estes e outros são meios de reduzir tensões, melhorando e evitando, assim, danos à saúde do trabalhador. A prevenção da Síndrome de *Burnout* também é favorecida pelo apoio familiar. A família do trabalhador é um fator bastante interessante na prevenção de *Burnout*. Os trabalhadores que têm filhos e são casados ou tem companheiro estável apresentam menor propensão a ter *Burnout*. Isso demonstra que o carinho que a família oferece alivia as tensões e conflitos que os trabalhadores se submetem em decorrência do trabalho.

A Classificação Estatística Internacional de Doenças e Problemas Relacionados à Saúde, em sua décima revisão (CID-10), versão 2008, traz o assunto sob o código "Z73.0 Esgotamento: estado de exaustão vital", dentro do agrupamento "Z70-Z76 Pessoas em contato com os serviços de saúde em outras circunstâncias", pertencente ao capítulo XXI: "fatores que influenciam o estado de saúde e o contato com os serviços de saúde" (ORGANIZAÇÃO MUNDIAL DA SAÚDE, 2008). No Brasil, a síndrome foi oficialmente adicionada às doenças relacionadas à saúde do trabalhador por meio do Decreto n. 3.048, de 6 de maio de 1999. Em seu Anexo II, o decreto apresenta-a na subdivisão "Transtornos mentais e do comportamento relacionados com o trabalho" como "Sensação de estar acabado ('Síndrome de *Burnout*', 'Síndrome do Esgotamento Profissional')", tendo como fatores de risco de natureza ocupacional "ritmo de trabalho penoso" e "outras dificuldades físicas e mentais relacionadas ao trabalho". A Portaria Federal n. 1.339/GM–MS, de 18 de novembro de 1999, que institui a lista de doenças relacionadas ao trabalho, mantém esta mesma redação. No ano de 2001, surge a publicação "Doenças Relacionadas ao Trabalho – Manual de Procedimentos para os Serviços de Saúde", uma coautoria do Ministério da Saúde e da Organização Pan-Americana da Saúde/Brasil que aborda o tema de maneira mais ampla, incluindo fatores de risco, diagnóstico e tratamento.

PORTARIA N. 1.339, DE 18 DE NOVEMBRO DE 1999

O Ministro de Estado da Saúde, no uso de suas atribuições, e

Considerando o art. 6º, § 3º, inciso VII, da Lei n. 8.080/90, que delega ao Sistema Único de Saúde – SUS a revisão periódica da listagem oficial de doenças originadas no processo de trabalho;

Considerando a Resolução do Conselho Nacional de Saúde, n. 220, de 5 de maio de 1997, que recomenda ao Ministério da Saúde a publicação da Lista de Doenças relacionadas ao Trabalho;

Considerando a importância da definição do perfil nosológico da população trabalhadora para o estabelecimento de políticas públicas no campo da saúde do trabalhador, resolve:

Art. 1º Instituir a Lista de Doenças relacionadas ao Trabalho, a ser adotada como referência dos agravos originados no processo de trabalho no Sistema Único de Saúde, para uso clínico e epidemiológico, constante no Anexo I desta Portaria.

Art. 2º Esta lista poderá ser revisada anualmente.

Art. 3º Esta Portaria entra em vigor na data de sua publicação.

JOSÉ SERRA

Lista de doenças relacionadas ao trabalho

Transtornos mentais e do comportamento relacionados com o trabalho (Grupo V da Cid-10)

Doenças

— Demência em outras doenças específicas classificadas em outros locais (F02.8)

— Delirium, não sobreposto a demência, como descrita (F05.0)

— Outros transtornos mentais decorrentes de lesão e disfunção cerebrais e de doença física (F06.-): Transtorno Cognitivo Leve (F06.7)

— Transtornos de personalidade e de comportamento decorrentes de doença, lesão e de disfunção de personalidade (F07.-): Transtorno Orgânico de Personalidade (F07.0); Outros transtornos de personalidade e de comportamento decorrentes de doença, lesão ou disfunção cerebral (F07.8)

— Transtorno Mental Orgânico ou Sintomático não especificado (F09-)

— Transtornos mentais e comportamentais devidos ao uso do álcool: Alcoolismo Crônico (Relacionado com o Trabalho) (F10.2)

— Episódios Depressivos (F32.-)

— Reações ao *"Stress"* Grave e Transtornos de Adaptação (F43.-): Estado de *"Stress"* Pós-Traumático (F43.1)

— Neurastenia (Inclui "Síndrome de Fadiga") (F48.0)

— Outros transtornos neuróticos especificados (Inclui "Neurose Profissional") (F48.8)

— Transtorno do Ciclo Vigília-Sono Devido a Fatores Não Orgânicos (F51.2)

— Sensação de Estar Acabado ("Síndrome de *Burnout*", "Síndrome do Esgotamento Profissional") (Z73.0)

Conforme Leiter, afirma que o "antídoto" para o estresse no trabalho seria o engajamento. O empregado engajado está convencido de que o emprego está de acordo com seus valores: quanto mais ele contribuir por meio de suas tarefas, mais ele se convencerá de que está fazendo uma contribuição positiva. É o contraste de quem sofre *Burnout* e tem a certeza de que o trabalho não coincide com seus valores. Essas pessoas sentem que estão perdendo tempo ou até mesmo causando dano. Nestes casos, o professor coloca que é importante para a recuperação da pessoa fazer algo diferente, não há recuperação se o indivíduo volta à mesma empresa e aos mesmos afazeres. "As pessoas podem ter a mesma ocupação ou trabalhar na mesma organização, mas fazendo algo diferente".

Para que ocorra o devido engajamento, citado por Leiter, é necessário que o ambiente de trabalho atenda algumas condições como: – Segurança psicológica: colegas de trabalho que não apresentem comportamento de isolação, constrangimento ou humilhação com os demais; – Local com móveis e equipamentos apropriados. É importante que as condições do ambiente sejam confortáveis como iluminação e local arejado; – Transparência na tomada de decisões por parte dos supervisores; – Reconhecimento e recompensas de acordo com a contribuição do trabalho; – Sensação de que as tarefas vão de encontro com os valores profissionais e morais do trabalhador.

Um tema recorrente e associado ao *Burnout*, o qual destaca o professor, é a conectividade à internet nas relações de trabalho. Segundo ele, o uso intensivo da tecnologia também potencializa o risco de *Burnout*. A tecnologia contribui para o *Burnout* se usada em excesso, mas a falta de acesso à tecnologia também pode levar ao *Burnout* quando força as pessoas a trabalhar de forma ineficiente ou a receber informações importantes com atraso. O mundo corporativo de hoje não está confinado ao escritório. O trabalho pode ir a qualquer lugar e se espalhar pelas horas do dia. Cada um deve tomar decisões sobre como se manter conectado e quando interromper essa conexão.

A tecnologia contribuindo para o crescimento do estresse

A necessidade das empresas reformularem sua forma de agir e pensar é real, seus artifícios, métodos e técnicas utilizadas dentro do processo laboral junto aos funcionários devem ser revisados. Quando se investe no funcionário, esse investimento traz bons frutos à empresa, ou seja, deve-se repensar qual fórmula poderá ser melhor utilizada nas empresas para que a Síndrome de *Burnout* seja extinta por completo ou pelo menos diminuída, pois hoje o estresse está inteiramente ligado à Síndrome e como tal é a causa de muitos afastamentos, um funcionário nervoso, ansioso, não pode conviver normalmente com outras pessoas seja no trabalho ou na vida individual e corriqueira do dia a dia.

Somos a geração da conectividade e tecnologia. E claro que essa característica do mundo moderno também traria impactos para o mundo do trabalho. Cary Cooper é pesquisador, pela Manchester Business School e autor de estudos sobre relação entre *e-mails* e estresse no trabalho segundo ele "cerca de 40% das pessoas acordam e a primeira coisa que fazem é checar seus *e-mails*, para outros 40%, é a última coisa que fazem à noite" (BBC Brasil, 2016). Esta obsessão em checar *e-mails* e informações, fora do ambiente de trabalho, está tornando mais difícil que "nos desliguemos nas horas de folga". Algumas empresas já identificaram o problema e tentam intervir da forma que podem. A Volkswagen, por exemplo, em 2012, começou a bloquear contas de *e-mails* dos funcionários quando estes estavam de férias. Outra empresa, a Daimler (montadora de carros), permitiu que seus empregados ativassem uma funcionalidade que apaga todos *e-mails* referentes a trabalho durante o período de férias. A questão tem se agravado tanto que na França já há uma lei trabalhista que incentiva as empresas que tomem medidas similares a dos exemplos anteriores. Empresa de tecnologia tem criado programas e aplicativos que ajudem a lidar com a questão. Uma *start-up* chamada Rescue Time desenvolveu um programa que monitora o tempo que passamos em determinados aplicativos e dá ao usuário a possibilidade de bloqueá-los, por determinado tempo. Segundo seu criador, o empresário Robby Macdonell, ele ficava frustrado por se distrair com facilidade durante as horas de trabalho. Há ainda, tecnologias alternativas, como dispositivos em forma de braceletes que recolhem informações sobre batimentos cardíacos, níveis de oxigenação e padrões de sono. Tudo isto para tentar identificar níveis de estresse em trabalhadores. O pesquisador responsável, Michael Segalla, relata que as companhias gastam muito dinheiro com manutenções e monitoramento do estado de máquinas e aparelhos, esquecendo a saúde física e mental dos trabalhadores. Tratamentos alternativos já são disponibilizados por empresas como Google, Target e a Marinha dos Estados Unidos para driblar o estresse. Estas empresas introduziram sessões de meditação durante o ambiente de trabalho.

Risco de suicídio e tratamentos

O início para um tratamento adequado inicia-se por um diagnóstico detalhado. É importante que não se confunda Síndrome de *Burnout* com outro tipo de transtorno psicológico como depressão, transtornos de humor ou de ansiedade. Há de se levar em conta ainda o aumento do risco no uso de substâncias como álcool e drogas ilícitas. Um estudo finlandês associou o aumento no consumo de álcool em médicos com *Burnout*. O uso de tabaco também foi observado em vários casos, assim como pensamento de morte e sintomas de depressão. Segundo a psicóloga Marilda Lipp, o diagnóstico diferencial de uma depressão causada por estresse não é tão simples. O diagnóstico diferencial entre a depressão sintoma de *stress* e outros tipos de depressão, inclusive a biológica que ocorre como efeito colateral de medicamentos e a que faz parte do quadro de transtorno psiquiátrico, é bastante complexo. Para se diferenciar a depressão sintoma de *stress* é preciso analisar se a pessoa está tendo que fazer um esforço muito grande para se adaptar a algo, como, por exemplo, mudança de emprego.

Tratamento

A Síndrome de *Burnout* é tratável e há formas das empresas e entidade comercial preveni-la, basta olhar o seu empregado como um todo , como um ser que tem vida social, vida familiar, e não focar somente no que ele faz no seu exercício laboral, há uma certa demanda de profissionais que exigem um certo olhar especial das empresas das quais eles trabalham. É uma doença que pode ter consequências drásticas se não podada no início.

O tratamento pode ser feito com medicamentos (antidepressivos), terapia e atividades físicas, sendo este último um dos mais indicados, pois além de ajudar a controlar os sintomas, auxilia no relaxamento do corpo, melhorando a qualidade de vida que é o que previne a Síndrome de *Burnout* e o estresse. Isso também inclui uma boa noite de sono, boa alimentação e cuidados com a saúde (FERRARI, Brasil Escola, 2015, p. 1).

É importante que se inicie um tratamento logo após o diagnóstico, pois o estresse pode ter consequências graves como o suicídio. Não há dados exatos sobre suicídios no Brasil, em casos provocados por estresse no trabalho, no entanto há dados sobre pessoas que cometeram suicídio sofrendo depressão. Estima-se que nos EUA 70.000 pessoas tentam o suicídio anualmente. Já no Brasil, estima-se que cerca de 54 milhões de pessoas sofrerão de depressão um dia, sendo que destas, 7,5 milhões correrão o risco de tentar o suicídio. No Japão, números divulgados pela polícia em 1998, afirmam que o caso de suicídio pelo trabalho ultrapassou os 30 mil e permanece nesse patamar desde então. Em 2003 os casos registrados atingiram 34.427 ocorrências. As causas apontadas para este crescimento são: a crise econômica que atinge o país desde a década de 1990 e as mudanças ocorridas no mercado de trabalho como o fim da estabilidade do emprego. Aliás, o Japão é o único país a ter um termo para definir a "morte por excesso de trabalho", o KAROSHI é descrito por médicos como um quadro clínico ligado ao estresse ocupacional, com morte súbita causada por problemas cardíacos ou vasculares. Os fatores desencadeantes em trabalhadores administrativos de nível gerencial seriam: "extensa jornada de trabalho, intensa busca por ascensão na carreira profissional, numerosas viagens de trabalho, obediência a normas rígidas e mudanças frequentes de local de trabalho". Já em trabalhadores de produção, as causas seriam extensa jornada de trabalho, número insuficiente de funcionários, trabalho noturno e longos percursos entre casa e trabalho. O tratamento geralmente é feito através de medicamentos (antidepressivos) e terapia. No entanto, atividades físicas e tratamentos alternativos vêm ganhando destaques em casos de estresse. Os mesmos autores, aliás, relataram vários tratamentos alternativos que vem sendo utilizados em caso de estresse. A hipnoterapia vem crescendo no Brasil, tendo sido mais procurada por profissionais de psicologia e odontologia. O tratamento de hipnoterapia "modifica o padrão de consciência, focando sua atenção por meio de uma indução ou de uma autoindução concentrando a mente e direcionando seus pensamentos e, com isso, intensificando a atividade cerebral". Com isso, o indivíduo que procura a hipnoterapia tenta minimizar a influência das emoções e pensamento negativos que contribuem para o crescimento do estresse.

A técnica terapêutica de acupuntura também tem ganhado destaque. Apesar dos embates para provar sua eficácia e caráter cientifco, a acupuntura tem como objetivo a cura das enfermidades através de agulhas colocadas estrategicamente em pontos específicos do corpo. E, por último, temos as atividades físicas. Já se sabe a importância que a mesma possui para a saúde, agora também a temos como aliada para qualidade de vida física e mental. "O exercício físico diário feito por pelo menos trinta minutos, ajuda o corpo na produção de 'beta-endorfina', liberando uma sensação de tranquilidade e bem-estar". Foram entrevistadas então, um total de 25 pessoas, sendo 13 aquelas sem nenhum tratamento, 7 com algum tratamento não convencional e 5 pessoas que não sofrem de estresse ocupacional. Das 20 pessoas que sofrem de estresse, todas notaram a doença há cinco anos ou menos. Após aplicado o questionário, foi possível observar os seguintes dados:

As pessoas que não se submeteram a algum tipo de tratamento relataram que isso foi devido à falta de tempo e informações sobre os tratamentos não convencionais. Lembrando que há pessoas que praticam mais de um tratamento concomitantemente.

Os dois tratamentos mais citados foram atividades físicas (62%) e acupuntura (25%), que juntos, na perspectiva dos entrevistados, conseguiram diminuir boa parte dos sintomas do estresse. A hipnose foi citada por apenas 13% dos entrevistados. A pesquisa mostrou que tratamentos alternativos são aceitos pelos participantes que não fazem nenhum tratamento, 5% aceitaria fazer sessões de hipnose, 30% fariam acupuntura e 65% atividade física. Lembrando que um mesmo participante pode escolher mais de um tratamento.

Comparação entre os tratamentos alternativos aceitos pelos respondentes

Dos que utilizam-se da acupuntura, 100% disse ter percebido redução dos sintomas de estresse e dores estomacais, e maior disposição para práticas do dia a dia. Já os que fazem hipnose sentiram-se mais relaxados e com disposição, porém com baixa redução do estresse. Daqueles que praticam atividade física, cerca de 85% notaram uma redução significativa no estresse e dores de cabeça, aumento da disposição, melhora no humor e apenas 15% disseram ter tido uma redução pequena, pois estão no começo do tratamento.

Hipnose

A necessidade de se tratar dores crônicas da época foi o ponto central para o surgimento da hipnose, que por sua vez teve grande importância na construção da psicologia no século XIX. A hipnose foi inicialmente ligada à medicina, mas por buscarem noções no universo subjetivo do indivíduo (imaginação, emoções, moral e vontade), questionavam as limitações da área médica, cuja visão de doença era predominantemente orgânica. Autores como Puységur, Bertrand, Cloquet e Esdaille no início do século XIX, Bernheim, Liébeault e Delboeuf ao final deste século e Milton Erickson no século XX, fundaram instituições, trabalharam pelo reconhecimento acadêmico de suas obras, formaram discípulo, escreveram livros periódicos e participaram de congressos, buscando fortemente reconhecimento institucional de seus movimentos. "Hipnose é o nome dado a fenômenos psíquicos específicos, que ocorrem em maior ou menor intensidade e variabilidade no dia a dia. Eles se passam de forma coerente (caso contrário seria psicose), induzidos ou não, de maneira percebida ou não, por parte do hipnoterapeuta (pela comunicação) e/ou paciente (pelo pensar deste). Há muitas possibilidades de utilização em psicoterapia, medicina, odontologia, fisioterapia e outras áreas da saúde." O tratamento pela hipnose nada mais é do que uma conversa entre o terapeuta e o inconsciente do paciente, que "modifica o padrão de consciência, focando sua atenção por meio de uma indução ou de uma autoindução, concentrando a mente e direcionando seus pensamentos e, com isso, intensificando a atividade cerebral". Dessa forma, o hipnoterapeuta pode minimizar a influência das emoções e pensamentos negativos que podem estar causando ou reforçando a doença, bem como pode estimular os positivos que proporcionarão a melhora dos sintomas ou até mesmo a cura. Apesar de pouquíssimas pessoas terem conhecimento sobre a hipnoterapia, ela vem crescendo no Brasil, por meio de pesquisas sobre seu uso em psicoterapia, medicina e odontologia, vem mostrando sua eficiência principalmente no tratamento de diversos sofrimentos psíquicos. Por não ter contraindicação, é mais comumente utilizada como tratamento complementar, ou seja, associado aos tratamentos convencionais. Somente nos casos de problemas e doenças predominantemente emocionais, é comum encontrar o uso da hipnose como tratamento alternativo, ou seja, em substituição ao convencional. Segundo a Revista Brasileira de Hipnose, publicada em 2008, ainda existe certa "aura" de mistério sobre a hipnose, mas esta técnica é uma ferramenta muito importante para tratar uma série de distúrbios que incluam componentes mentais e/ou emocionais. Estudos recentes revelam que não há nada de mágico na hipnose, pois utiliza-se de estados fisiológicos totalmente normais do cérebro para alcançar seus efeitos. E hoje já vem sendo reconhecida pela comunidade científica. É o que conta o médico Osmar Ribeiro Colás, do Departamento de Medicina Comportamental da Universidade Federal de São Paulo (Unifesp) e coordenador do grupo de estudos de hipnose da instituição. Um dos primeiros reconhecimentos abrangentes do potencial cientificamente comprovado da técnica veio em 1996, quando o Instituto Nacional de Saúde dos EUA (principal órgão de pesquisa médica do país) reconheceu sua eficácia para aliviar a dor em doenças crônicas, como o cancro. Podemos utilizar a hipnose em situações relacionadas ao trabalho, para diminuir o estresse, desenvolver competências, melhorar a relação entre os colaboradores, dentre outros que "são escolhidos de acordo com as necessidades de cada empresa e podem ser aplicados de muitas maneiras, entre elas palestras, cursos, treinamentos e até por meio de consultas particulares". Dentro do conceito geral de hipnose, é possível encontrar hoje três tipos de técnicas aplicadas como forma de tratamento que são: a Hipnose Clássica, a Ericksoniana e a Condicionativa. A diferença básica entre elas está na forma de induzir a pessoa ao estado hipnótico e em alguns preceitos e técnicas que levariam à melhora do paciente. As semelhanças estão em fundamentarem-se na ideia de que a maioria das doenças possuem origem emocional, e que o estado de relaxamento da hipnose pode proporcionar acessar tais conteúdos e trabalhá-los positivamente. A técnica é empregada para diversos fins, entre eles: anestésicos e analgésicos, no combate a alergias, ansiedade, fobias, vícios, depressão, estresse, gagueira, medo de se expressar em público, impotência, insônia e dificuldade de relacionamentos social e familiar. E em apenas 6 sessões, grande parte dos pacientes apresenta recuperação. No caso do estresse, o relaxamento pela hipnose provoca no organismo a liberação da endorfina, também chamado hormônio do prazer que vai contrabalancear com a descarga de adrenalina provocada pelo estresse e, assim, reestabelecer o equilíbrio do organismo, além de ativar o sistema imunológico que irá dificultar o aparecimento de outras doenças, afirma Dr. Gilberto Barros, médico, hipnólogo e professor de hipnose do Instituto Brasileiro de Hipnose Ericksoniana (IBRHE).

Acupuntura

A acupuntura é uma técnica terapêutica que surgiu na China, tendo seus primeiros registros datados de 1812, cujo objetivo é a cura de enfermidades através do estímulo das agulhas "em pontos específicos do corpo", chamada acupontos. É uma tecnologia de intervenção em saúde, originada de um conjunto de conhecimentos teórico-empíricos da Medicina Tradicional Chinesa (MTC), que aborda de modo integral e dinâmico o processo saúde-doença no ser humano, podendo ser usada isoladamente ou de forma integrada com outros recursos terapêuticos. No ocidente, publicado por Soluié de Morant em 1939, marcou o ressurgimento do interesse por essa prática. Depois disso, apesar de muitos embates, a resistência inicial à aplicação da acupuntura foi aos poucos se desfazendo. Mas a medicina tradicional manteve sua posição contrária até 2011, quando definitivamente o Conselho Federal de Medicina manifestou-se positivamente à prática da acupuntura, mas como um ato exclusivamente médico, ou seja, realizado somente por profissionais formados em medicina. Mesmo com todas as dificuldades em provar seu valor terapêutico com rigor científico, o crescimento da demanda e da oferta de terapias alternativas (inclusive pelo serviço público) implica certa legitimação não acadêmica dessas práticas. Existem indícios de que, hoje, a legitimação das práticas alternativas não depende apenas do reconhecimento de sua cientificidade, mas também do reconhecimento de sua utilidade terapêutica; ao contrário do que era dado pensar durante a primeira metade do século, quando o reconhecimento da utilidade terapêutica de qualquer método estava intimamente relacionado ao reconhecimento de sua cientificidade.

Exercício físico

A prática regular de atividade física proporciona benefícios diretos na saúde, desencadeando uma alta relação com a diminuição da gordura corporal, controle da pressão arterial e glicemia, além de melhorar quadros de estresse mental/emocional, melhorando a qualidade de vida dos praticantes. Conforme novos estudos surgem na literatura, as formas de tratamento para diversas patologias também vão avançando e se renovando, e a atividade física continua sendo considerada como uma ferramenta importante na saúde pública, voltando-se para a prevenção e tratamento de doenças físicas e também psiquiátricas, como transtornos de ansiedade e depressão. Quando o indivíduo pratica exercícios físicos, fortalece seu corpo e reage de forma mais calma às respostas causadas pelo estresse mental/emocional. Isso ocorre devido à adaptação da frequência cardíaca, pressão arterial e hormônios ao esforço físico. Além disso, pode influenciar positivamente em algumas variáveis como autocontrole, interação social, distração ou interrupção da rotina, melhora na aptidão cerebral. Assim como atividade física está para saúde, a saúde está para a qualidade de vida. Da mesma forma, pode-se visualizar um elo que liga atividade física à qualidade de vida. Algumas doenças estão relacionadas "aos hábitos e estilos de vida inadequados", sendo eles sedentarismo e má alimentação. O autor também acrescenta que "em 1993, a Associação Americana de Cardiologia considerou o sedentarismo como fator de risco independente para o desenvolvimento de doença arterial coronariana". Segundo Dr. Drauzio Varella: "O estresse deve ser combatido com a prática constante de atividades físicas". O exercício físico diário feito por pelo menos trinta minutos ajuda o corpo na produção da "beta-endorfina", liberando uma sensação de tranquilidade e bem-estar, além de proteger a saúde física da pessoa. "A qualidade de vida reflete a satisfação harmoniosa dos objetivos e desejos de uma pessoa; a qualidade de vida ou 'felicidade' seria a abundância de aspectos positivos somada à ausência de aspectos negativos". Estudos apontam que o exercício físico reduz níveis de ansiedade, depressão e raiva, sendo eles considerados sintomas de estresse. Atividade física corresponde, em sua definição, a qualquer movimento que o corpo realiza, produzido pela musculatura esquelética e que resulta em aumento do gasto energético. Além disso, a atividade física apresenta componentes biopsicossociais, culturais e de comportamento, podendo ser exemplificada por deslocamentos, atividades laborais, jogos, danças, esportes, entre outros. A atividade física tem sido vista nos últimos tempos como um importante auxílio para prevenir e minimizar as doenças que, em decorrência das transformações da sociedade, tornam-se cada dia mais frequentes, como obesidade, hipertensão, estresse, entre outras. A literatura se mostra bem ampla nesse sentido, apresentando artigos dos mais variados temas relacionados às diversas concepções da atividade física. Apesar de essa temática parecer clichê, por apresentar frequentemente destaque das mídias em relação a campanhas voltadas para importância do aumento da atividade física da população e da influência que isso pode gerar positivamente na saúde, é visível que ainda somente uma pequena parcela da sociedade o faz, de forma regular e correta, seguindo as orientações de profissionais de educação física.

Uma das alternativas para minimizar os malefícios originados de situações estressoras vivenciadas no ambiente laboral é a prática regular de atividade física. A qual poderia ser realizada de forma preventiva pelos trabalhadores a fim de tentar evitar que possíveis problemas de saúde possam surgir no futuro. Mas, a realidade é um pouco diferente e o que normalmente acontece é que as pessoas começam a praticar atividades físicas somente quando já estão acometidas por alguma patologia. De qualquer forma, os benefícios da atividade física a curto, médio e longo prazo também são alcançados por aqueles que começam a praticá-la tardiamente. Uma dessas melhoras em curto prazo para o trabalhador é a sensação de bem-estar e alívio das tensões que as atividades físicas proporcionam. A atividade física apresenta algumas dimensões específicas, podendo ser realizada no trabalho, no lazer e também como forma de locomoção. Sendo assim, quando são praticadas nos momentos de lazer elas são capazes de liberar possíveis tensões originadas pelo estresse do dia a dia. Além disso, trabalhadores que realizam atividade física no lazer sentem maior satisfação em atividades psíquicas e mentais minimizando situações de mau humor, ansiedade, depressão e estresse. Em decorrência das diversas patologias, inclusive do estresse, causadas devido a diversas situações do ambiente de trabalho, necessita-se de investigações na literatura que sejam referentes à saúde física e mental, às condições ocupacionais e aos diversos fatores associados aos trabalhadores. Os dados resultantes dessas investigações devem representar adequadamente a realidade, demonstrando o desempenho das organizações frente à responsabilidade social e os efeitos de suas ações nos níveis da qualidade de vida do trabalhador, dentro e fora do trabalho. Os trabalhadores de todos os setores, os que trabalham nas indústrias e mais especificamente os auxiliares de produção são indivíduos que necessitam de atenção em todas as áreas da saúde. Uma grande importância deve ser dada à atividade física dessas pessoas, não somente do lado de fora, mas principalmente no local de trabalho. Se não com pausas específicas e profissionais especializados para orientá-los, com informativos acerca dos benefícios, incentivo dos superiores, promoção de uma integração dos funcionários por meio de práticas corporais, entre alternativas relevantes.

Benefícios psicológicos da prática de atividade física:

— Diminui	Aumenta
— Absenteísmo no trabalho	Rendimento intelectual
— Agressividade e raiva	Confiança e segurança
— Depressão	Estabilidade emocional
— Ansiedade	Memória e percepção
— Confusões mentais	Autoestima e bem-estar
— Fobias	Humor e satisfação sexual
— Tensões emocionais	Independência emocional

Quando ponderada de maneira preventiva, a prática de atividade física diminui as chances de estresse em trabalhadores, podendo evitar o surgimento de doenças psicofisiológicas e melhorar a qualidade de vida. Exercício físico é definido como uma forma de lazer que repara a saúde dos malefícios que o estresse decorrente do trabalho pode causar nas pessoas. Praticar atividade física de forma regular está vinculado de forma positiva ao bem-estar e à saúde mental, acarretando em benefícios como redução da ansiedade, tensão e depressão, melhora no humor, autoestima e sensação de bem-estar; a diminuição dos sintomas de tensão e o aumento do relaxamento ocasionado pelo exercício acontecem tanto no aspecto central como no periférico do córtex. Os efeitos da atividade física é semelhante e comparável aos obtidos por medicamentos tranquilizantes, meditação e psicoterapias. A hipótese de que o aumento dos níveis de exercício resulta em aumentos significativos nos estados de humor positivo e reduções de humor negativo em diferentes grupos de idade. Ou seja, os indivíduos que praticavam menos exercícios durante a semana sentiam-se mais estressados do que aqueles que praticavam mais exercícios. Além disso, de acordo com o autor, uma única sessão de exercício está relacionada à melhora no bem-estar e no humor positivo e diminuição da ansiedade, sintomas depressivos e humor negativo.

Intervenção com exercícios físicos como complemento no tratamento da depressão

Dois grupos foram avaliados, um praticou exercícios físicos e o outro não. Os indivíduos que praticaram exercícios, associados ao tratamento convencional, obtiveram uma melhora significativa, sendo que os efeitos positivos dos exercícios sobre os sintomas depressivos foram perdidos conforme os exercícios foram interrompidos na avaliação após seis meses. Como pode ser verificada nos estudos apresentados, a atividade física demonstra-se como um componente indispensável na prevenção e manutenção da saúde dos indivíduos.

Além disso, mostra-se importante no combate a possíveis patologias decorrentes do sedentarismo e da vida atribulada, as quais podem prejudicar não só fisicamente, mas também a saúde mental da população.

Atividade física no lazer — suas funções e estruturas devem ser consideradas como um fenômeno social. Caso contrário, não podem ser compreendidas. Os autores acreditam que o lazer acontece devido a uma necessidade que o indivíduo tem de equilibrar, por meio de ações que controlem os conflitos emocionais, suas tensões do autocontrole. Em outras palavras, para atingir esse equilíbrio, atividades devem ser feitas para liberar as tensões reprimidas, das quais se destacam as atividades físicas. É visível ainda que as pessoas passam a maior parte de seu tempo se dedicando ao trabalho, independente do formato que este apresenta. Dessa forma, o tempo que sobra para o lazer é pequeno e deve ser aproveitado pelos indivíduos por uma atividade que lhes seja agradável e que seja escolhida e praticada por vontade própria. As atividades de lazer são capazes de levar as pessoas a um grau de excitação agradável e satisfatório, porém, devido ao processo de industrialização da sociedade tornou-se algo distante e que tem sido buscado pela necessidade de manifestar sentimentos fortes reprimidos pela sociedade ou pelo próprio indivíduo. O tempo livre é definido como: o tempo livre de atividades referentes ao trabalho e que contempla uma classificação, com domínios diferentes que se somam e se confundem de diversas formas, sendo atividades diferenciadas. A primeira delas dificilmente pode ser considerada como lazer e refere-se ao trabalho privado, ou seja, a administração familiar e tudo que esteja relacionado aos filhos etc. A segunda pode ser considerada como lazer e envolve atividades de repouso, como dormir, descansar numa rede, fazer tricô ou atividades nesse sentido. A terceira atividade está relacionada às necessidades biológicas de todo indivíduo e são elas: comer, dormir, beber e defecar. Quando não são encaradas como uma rotina e acontecem esporadicamente, algumas dessas atividades podem ser consideradas lazer. Na sequência, está a sociabilidade, que abrange tanto atividades que podem estar relacionadas ao trabalho ou não, como visitar colegas, ir para determinados lugares como bares, clubes, restaurantes com o objetivo de passear. E por fim, a categoria das atividades miméticas ou jogo, que possui caráter de lazer desde que não seja um profissional que ganhe a vida com isso.

Pensando nos benefícios que as atividades consideradas de lazer, como as de repouso, de sociabilidade e as de atividades miméticas ou jogos proporcionam aos indivíduos, é importante refletir a forma como elas podem ser desenvolvidas em diferentes regiões, comunidades e culturas. Além disso, cada indivíduo é responsável pela maneira como aproveita o tempo livre, mas, é notável que as atividades que podem ser consideradas lazer desenvolvem melhorias em diversas esferas da vida do indivíduo, pessoal e também organizacional. Uma dessas atividades miméticas de lazer que proporciona melhorias em ambas as esferas é a atividade física que, ao mesmo tempo em que promove socialização entre as pessoas em geral, também é responsável por manter toda a estrutura física do indivíduo em boas condições de saúde. Tais benefícios influenciam na maneira como o indivíduo conduz sua vida pessoal e profissional e também como se relaciona com familiares e colegas pessoais e de trabalho. É importante ressaltar que atividades físicas no lazer têm uma grande influência nos padrões de saúde e qualidade de vida da população. Em estudo realizado na Finlândia, Lahti, Lahelma e Rahkonen (2012) analisaram a associação entre atividade física de lazer e ausência de doença ao longo do tempo. Os resultados mostraram que homens e mulheres que aumentaram sua atividade física de lazer de forma vigorosa apresentaram significativa ausência de doença. Além disso, bons níveis de atividade física de lazer diminuem sintomas relacionados à depressão, como encontrado no estudo de Torres *et al.* (2013) ao examinar homens e mulheres afro-americanos. Um estudo recente mostrou também uma associação positiva entre atividade física de lazer e aumento da longevidade e expectativa de vida nos EUA (JANSSEN *et al.*, 2013).

Os benefícios da atividade física no lazer serão maiores conforme a intensidade da mesma também for aumentada, refletindo em melhoras da saúde, é o que mostra os resultados do estudo de Galán *et al.* (2010) avaliando 18.058 participantes entre 18 e 64 anos moradores de Madrid, Espanha. Vale ressaltar também que o tempo de lazer tem aumentado em diversos âmbitos e culturas e a maneira de aproveitar esse tempo e o quanto isso vai durar depende das necessidades de cada indivíduo. Algumas atividades que envolvem criatividade, como atividade física, esportes, música e artes trazem maiores benefícios ao indivíduo e à comunidade em geral. Um estudo recente avaliou a prevalência de atividade física e atividade física de lazer de 1.595 adultos da Espanha. Os autores encontraram que 77% dos participantes estão engajados a melhorar a saúde por meio da atividade física, 16% foram considerados ativos e realizam atividade física nos momentos de lazer, 28,3% foram considerados levemente ativos no lazer e 55,6% considerados sedentários e não realizam atividade física no lazer. Pertencer ao gênero masculino, ter um relacionamento, não fumar e estar no peso ideal estão relacionados a maiores chances de se envolver em atividades físicas.

A prevalência de atividade física de lazer foi de apenas 15,3% entre os homens e 13,2% entre as mulheres, mas 52% dos homens e 50% das mulheres manifestaram o desejo de aumentar a sua atividade física no lazer, e acreditavam que poderiam conseguir com seus próprios esforços. Em contrapartida, 14,9% destes homens e 21,1% destas mulheres desacreditam conseguir sozinhos, sem apoio. Ao iniciar a prática de uma atividade física, como o objetivo de torná-la regular, é importante que, além de estabelecer metas o indivíduo sinta-se bem consigo mesmo e com sua saúde, pois ter uma melhor percepção sobre a saúde se relaciona positivamente com a quantidade total de atividade física realizada no lazer. Ou seja, quanto melhor a pessoa compreende que está sua saúde, mais atividade física no lazer ela fará e vice-versa. Além disso, manter bons níveis de atividade física no lazer torna-se um desafio diário contra a preguiça e desculpas sobre não ter tempo, conforme explica o estudo de Mesenguer *et al.* (2009), com o objetivo de quantificar a adesão de adultos com 18 a 64 anos na Espanha às recomendações de atividade física de lazer e fatores associados. Os resultados evidenciam que a maioria desses adultos não atinge o nível de atividade física de lazer recomendado. A adesão foi menor em mulheres, idosos, indivíduos com menor nível de escolaridade e obesos. Como descrito anteriormente, existe uma grande dificuldade em se manter fisicamente ativo nos momentos de lazer. Na maioria das vezes, os indivíduos querem descansar, ficar com a família ou fazer outras atividades. Nesse momento, profissionais de saúde podem entrar em ação a fim de contextualizar os trabalhadores sobre a realidade da prática de uma atividade física, visto que o sono será mais bem aproveitado, a família poderá praticar uma atividade física junto, e o mais importante, de que se deve encontrar alguma atividade física que lhe dê prazer e vontade de continuar. Demonstrar também que a atividade física pode ser realizada por todos, afinal, atingir toda a população é uma das preocupações dos programas de intervenção que promovem atividade física no lazer. Além disso, outro ponto relevante no processo da regularidade é praticar alguma atividade física que o indivíduo tenha certo apreço. Pois dessa forma, não se sentirá obrigado a fazer algo chato e que não sente prazer com tal prática. Sendo necessidades do local, e por fim, definir como, quando e onde realizar tais atividades.

Pesquisas sobre estresse e atividade física em geral são frequentes na literatura. Entretanto, a relação existente entre o estresse causado especificamente no ambiente de trabalho e atividade física realizada no momento de lazer ainda é pouco abordada por parte dos pesquisadores. Essa situação vem se modificando aos poucos, na medida em que cada uma dessas variáveis ganha também papel de destaque individualmente.

Referências Bibliográficas

ABU-OMAR, K.; RÜTTEN, A. Relation of leisure time, occupational, domestic, and commuting physical activity to health indicators in Europe. *Preventive Medicine*, v. 47, p. 319-323, 2008.

AHOLA, K. *et al.* Burnout as a predictor of all-cause mortality among industrial employees: A 10-year prospective register-linkage study. *Journal of Psychosomatic Research*, v. 69, p. 51-57, 2010.

ALI, S. M.; LINDSTRÖM, M. Psychosocial work conditions, unemployment, andleisure-time physical activity: A population-based study. *Scandinavian Journal of Public Health*, v. 34, p. 209-216, 2006.

ALMEIDA, G. O.; SILVA, A. M. M. Justiça organizacional, impactos no *Burnout* e o comprometimento dos trabalhadores. *Revista Eletrônica de Gestão Organizacional*, v. 4, n. 2, p. 160-175, 2006.

ALONSO-BLANCO, C. *et al.* Trends in leisure time and work-related physical activity in the Spanish working population, *Gaceta Sanitaria*, v. 26, n. 3, p. 223-230, 2012.

ANJOS, L. A. *et al.* Gasto energético em adultos do Município de Niterói, Rio de Janeiro: Resultados da Pesquisa de Nutrição, Atividade Física e Saúde PNAFS. *Ciência & Saúde Coletiva*, v. 13, n. 6, p. 1775-1784, 2008.

ARAÚJO JUNIOR, R. P.; COUTINHO, C. C. C. Prevalência da Síndrome de *Burnout* em acadêmicos de fisioterapia. *Revista Brasileira de Ciências de Saúde*, v. 16, n. 3, p. 379-384, 2012.

ASZTALOS, M. *et al.* Sport participation and stress among women and men. *Psychology of Sport and Exercise*, v. 13, p. 466-483, 2012.

AZEVEDO, V. A. Z.; KITAMURA, S. Saúde e qualidade de vida nas corporações. In: VILARTA, R. GUTIERREZ, G. L. *Qualidade de vida no ambiente corporativo*. 1. ed. Campinas: IPES, 2008.

BAECKE, J. A. H.; BUREMA, J.; FRIJTERS, J. E. R. A short questionnaire for the measurement of habitual physical activity in epidemiological studies. *The American Journal of Clinical Nutrition*, v. 36, p. 936-942, 1982.

BAPTISTA, M. R.; DANTAS, E. H. M. Yoga no controle de *stress*. *Fitness & Performance Journal*, v. 1, n. 1, p. 12-20, 2002.

BARRETO, A. C.; BRANCO, A. B. Influência da atividade física sistematizada na fadiga dos trabalhadores do restaurante universitário da Universidade de Brasília. *Revista Brasileira de Atividade Física & Saúde*, v. 5, n. 2, p. 23-29, 2000.

BARROS, M. V. G.; NAHAS, M. V. Comportamentos de risco, autoavaliação do nível de saúde e percepção de estresse entre trabalhadores da indústria. *Revista de Saúde Pública*, v. 35, n. 6, p. 554-563, 2001.

BELTRÁN, C. A.; GÓNZALEZ, J. L. L.; SALAS, J. H. B. Factores psicosociales y síndrome de *Burnout* en trabajadores de la industria de la transformación de la masa, Tepic, México. *Revista Colombiana de Psiquiatria*, v. 42, n. 2, p. 167-172, 2013.

BENEVIDES-PEREIRA, A.M.T. O Estado da arte do *Burnout* no Brasil. *I Seminário Internacional sobre Estresse e Burnout*. Curitiba, 2002.

BENEVIDES-PEREIRA, A. M. T. (Org.): *Burnout*: quando o trabalho ameaça o bem-estar do trabalhador. 4. ed. SãoPaulo: Casa do Psicólogo, 2010.

BENEVIDES-PEREIRA, A. M. T. *Burnout*: O processo de adoecer pelo trabalho. In: BENEVIDES-PEREIRA, A. M. T. (Org.). *Burnout*: quando o trabalho ameaça o bemestar do trabalhador. São Paulo: Casa do Psicólogo, p. 21-91, 2002.

BOCLIN, K. L. S.; FAERSTEIN, E.; LEON, A. C. M. P. Características contextuais de vizinhança e atividade física de lazer: Estudo Pró-Saúde. *Revista de Saúde Pública*, v. 48, n. 2, p. 249-257, 2014.

BORIN, C. M. A.; NATALI, M. R. M. Estresse: síndrome dos tempos modernos. *Arquivos Mudi*, v. 10, n. 1, p. 5-10, 2006.

BRANDÃO, M. R. F.; MATSUDO, V. K. R. *Stress*, emoção e exercício. *Revista Brasileira de Ciência e Movimento*, v. 4, n. 4, p. 95-99, 1990.

BRITTO, C.; CRUZ, C.; FIGUEIREDO, J. *Fatores preponderantes na ocorrência e manifestação da Síndrome de Burnout em profissionais de enfermagem* [monografia]. Campos Gerais (MG): Faculdade de Ciências da Saúde de Campos Gerais, Curso de Bacharelado em Enfermagem; 2008.

Cadernos de Saúde Pública, v. 29, n. 2, p. 270-282, 2013.

CANOVA, K. R.; PORTO, J. B. O impacto dos valores organizacionais no estresse ocupacional: um estudo com professores de ensino médio. *Revista de Administração Mackenzie*, v. 11, n. 5, p. 4-31, 2010.

CARLOTTO, M. S. Síndrome de *Burnout*: Um tipo de estresse ocupacional. *Cadernos Universitários*, v. 18, n. 1, p. 4-11, 2001.

CARLOTTO, M. S.; CÂMARA, S. G. Análise da produção científica sobre a Síndrome de *Burnout* no Brasil. *Psico-PUCRS*, v. 39, n. 2, p. 152-158, 2008.

CARLOTTO, M. S.; CÂMARA, S. G. Preditores da Síndrome de *Burnout* em estudantes universitários. *Pensamiento Psicológico*, v. 4, n. 10, p. 101-109, 2008.

CARLOTTO, M. S.; PALAZZO, L. S. Síndrome de *Burnout* e fatores associados: um estudo epidemiológico com professores. *Cadernos de Saúde Pública*, v. 22, n. 5, p. 1.017-1.026, 2006.

CARLOTTO, M.S. & CÂMARA, S.G. Análise da produção científica sobre a Síndrome de *Burnout* no Brasil. *Revista PSICO*, Porto Alegre, v. 39, n. 2, p. 152-158, abr./jun., 2008.

CASPERSEN. C. J; POWELL, K. E; CHRISTENSON, G. M. Physical activity, exercise and physical fitness. *Public Health Reports*, v. 100, n. 2, 126-131, 1985.

CERIN, E.; LESLIE, E. How socio-economic status contributes to participation in leisure-time physical activity. *Social Science & Medicine*, v. 66, n. 12, p. 2.596-2.609, 2008.

CHAU, J. Y. *et al*. Cross-sectional associations between occupational and leisuretime sitting, physical activity and obesity in working adults. *Preventive Medicine*, v. 54, n. 4, p. 195.200, 2012.

CHEN, C., KAO, Y. The connection between the hassles–*Burnout* relationship, as moderated by coping, and aberrant behaviors and health problems among bus drivers. *Accident Analysis and Prevention*, v. 53, p. 105-111, 2013.

CHU, A. H. Y.; MOY, F. M. Associations of occupational, transportation, household and leisure-time physical activity patterns with metabolic risk factors among middleaged adults in a middle-income country. *Preventive Medicine*, v. 57, n. 1, p. 14-17, 2013.

CHU, A. H. Y.; MOY, F. M. Associations of occupational, transportation, household and leisure-time physical activity patterns with metabolic risk factors among middle-aged adults in a middle-income country. *Preventive Medicine*, v. 57, n. 1, p. 14-17, 2013.

CHUEH, K. et al. Association between psychosomatic symptoms and work stress among Taiwan police officers. *Kaohsiung Journal of Medical Sciences*, v. 27, n. 4, p. 144-49, 2011.

CICEI, C. C. Occupational stress and organizational commitment in Romanian public organizations. *Procedia — Social and Behavioral Sciences*, v. 33, n. 1, p. 1.077-1.081, 2012.

CIUCUREL, M.; CIUCUREL, C.; RAVEICA, G. The features of leisure physical occupations on adults: a descriptive study. *Procedia — Social and Behavioral Sciences*, v. 46, n. 1, p. 4.414-4.417, 2012.

COSTA, M. et al. Estresse: diagnóstico dos policiais militares em uma cidade brasileira. *Revista Panamericana de Salud Publica*, v. 21, n. 4, p. 217-222, 2007.

COSTA, R. A.; SOARES, H. L. R.; TEIXEIRA, J. A. C. Benefícios da atividade física e do exercício na depressão. *Revista do Departamento de Psicologia – UFF*, v. 19, n. 1, p. 269-276, 2007.

DA COSTA, L. P. Cenário de tendências gerais dos esportes e atividades físicas no Brasil. In: DA COSTA, L. P. (Org.). *Atlas do esporte no Brasil*: atlas do esporte, educação física e atividades físicas de saúde e lazer no Brasil. Rio de Janeiro: Shape, p. 859, 2006.

DEL DUCA, G. F. et al. Atividades físicas no lazer entre adultos de Florianópolis, Santa Catarina, Brasil: estudo populacional sobre as características das práticas e de seus praticantes. *Ciência & Saúde Coletiva*, v. 19, n. 11, p. 4.595-4.604, 2014.

DEL DUCA, G. F. et al. Clustering of physical inactivity in leisure, work, commuting and household domains among Brazilian adults. *Public Health*, v. 127, n. 6, p. 530-537, 2013.

DYCK, D. V. et al. Perceived neighborhood environmental attributes associated with adult's leisure-time physical activity: Findings from Belgium, Australia and the USA. *Health & Place*, v. 19, n. 1, p. 59-68, 2013.

ELIAS, N. O lazer no espectro do tempo livre. In: ELIAS, N. DUNNING, E. *A busca da excitação: desporto e lazer no processo civilizacional*. Lisboa: DIFEL, p. 139-185, 1992.

EVERLY, G. S. *A Clinical Guide to the Treatment of the Human Stress Response*. Plenum Press, New York, 1990.

FARAH, B. Q. et al. Percepção de estresse: associação com a prática de atividades físicas no lazer e comportamentos sedentários em trabalhadores da indústria. *Revista Brasileira de Educação Física e Esporte*, v. 27, n. 2, p. 225–234, 2013.

FARINATTI, P. T. V. Apresentação de uma versão em português do compêndio de atividades físicas: uma contribuição aos pesquisadores e profissionais em fisiologia do exercício. *Revista Brasileira de Fisiologia do Exercício*, v. 2, n. 2, p. 177–208, 2003.

FERRAZ, A. S. M.; MACHADO, A. A. N. Atividade física e doenças crônico-degenerativas. *Revista Diversa*, v. 2, n. 1, p. 25-35, 2008.

FLORINDO, A. A. et al. Fatores associados à prática de exercícios físicos em homens voluntários adultos e idosos residentes na Grande São Paulo, Brasil. *Revista Brasileira de Epidemiologia*, v. 4, n. 2, p. 105-113, 2001.

FLORINDO, A. A.; LATORRE, M. R. D. O. Validation and reliability of the Baecke questionnaire for the evaluation of habitual physical activity in adult men. *Revista Brasileira de Medicina do Esporte*, v. 9, n. 3, p. 121-128, 2003.

FONSECA, S. A. *et al.* Percepção de saúde e fatores associados em industriários de Santa Catarina, Brasil. *Cadernos de Saúde Pública*, v. 24, n. 3, p. 567-576, 2008.

FONSECA, V. R. *Atividade física, absenteísmo e demanda por atendimento à saúde de funcionários de indústria automobilística de São Caetano do Sul*, 2009.

GALÁN, I. *et al.* Self-rated health according to amount, intensity and duration of leisure time physical activity. *Preventive Medicine*, v. 51, n. 5, p. 378–383, 2010.

GALÁN, I. *et al.* Self-rated health according to amount, intensity and duration of leisure time physical activity. *Preventive Medicine*, v. 51, n. 5, p. 378-383, 2010.

GALLAGHER, P. *et al.* Age and sex differences in prospective effects of health goals and motivations on daily leisure time physical activity. *Preventive Medicine*, v. 55, n. 4, p. 322-324, 2012.

GASPERIN, D. *et al.* Effect of psychological stress on blood pressure increase: a meta-analysis of cohort studies. *Cadernos de Saúde Pública*, v. 25, n. 4, p. 715-726, 2009.

GERBER, M. *et al.* Do exercise and fitness buffer against stress among Swiss police and emergency response service officers? *Psychology of Sport and Exercise*, v. 11, n. 4, p. 286-294, 2010.

GIACOBBI, P. R., HAUSENBLAS, H. A., FRYE, N. A naturalistic assessment of the relationship between personality, daily life events, leisure-time exercise, and mood. *Psychology of Sport & Exercise*, v. 6, n. 1, p. 67-81, 2005.

GIJÁN, H. *et al.* Síndrome de *Burnout* y satisfaccion laboral en el personal sanitario de España y Argentina. *Revista Electrónica de Investigación: Docencia Creativa*, v. 3, n. 8, p. 60-68, 2014.

GIL, A. C. *Como elaborar projetos de pesquisa*. São Paulo: Atlas, 1991.

GIMENO, D. *et al.* Association between passive jobs and low levels of leisure-time physical activity: the Whitehall II cohort study. *Occupacional Environment Medicine*, v. 66, n. 11, p. 772-776, 2009.

GRAM, B. *et al.* Occupational and leisure time physical activity and physical work load among construction workers. *Journal of Science and Medicine in Sport*, v. 15, n. 1, p. 265-327, 2012.

GRECO, P. B. T. *et al.* Estresse no trabalho em agentes dos centros de atendimento socioeducativo do Rio Grande do Sul. *Revista Gaúcha de Enfermagem*, v. 34, n. 1, p. 94-103, 2013.

GREENBERG, J. *Administração do estresse*. 6. ed. São Paulo: Manole, 2002.

GRUNENNVALDT, A. C. R. *et al.* O lazer das mulheres do campo no município de Sinop, Mato Grosso, Brasil. *Revista Educação Cultura e Sociedade*, v. 4, n. 1, p. 19-31, 2014.

GU, H.; TANG, C.; YANG, Y. Psychological stress, immune response, and atherosclerosis. *Atherosclerosis*, v. 223, n. 1, p. 69-77, 2012.

GUERREIRO, I. C.; MONTEIRO, M. I. Qualidade de vida no trabalho dos trabalhadores de enfermagem – Revisão sistemática da literatura. In: VILARTA, R. GUTIERREZ, G. L. *Qualidade de vida no ambiente corporativo*. 1. ed. Campinas: IPES, 2008.

HASHIM, A. E. *et al.* Occupational stress and behaviour studies of other space: commercial complex. *Procedia – Social and Behavioral Sciences*, v. 36, n. 1, p. 752-759, 2012.

HERRERO, S. G. et al. Influence of task demands on occupational stress: Gender differences. *Journal of Safety Research*, v. 43, n. 5, p. 365-374, 2012.

HERRERO, S. G. et al. Using Bayesian networks to analyze occupational stress caused by work demands: Preventing stress through social support. *Accident Analysis and Prevention*, v. 57, n. 1, p. 114-123, 2013.

HOGH, A. et al. Exposure to negative acts at work, psychological stress reactions and physiological stress response. *Journal of Psychosomatic Research*, v. 73, n. 1, p. 47-52, 2012.

HONKONEN, T. et al. The association between *Burnout* and physical illness in the general population—results from the Finnish Health 2000 Study. *Journal of Psychosomatic Research*, v. 61, n. 1, p. 59-66, 2006.

INOUE, A. et al. Three job stress models/concepts and oxidative DNA damage in a sample of workers in Japan. *Journal of Psychosomatic Research*, v. 66, n. 4, p. 329-334, 2009.

INSTITUTE OF MEDICINE OF THE NATIONAL ACADEMIES. *Dietary reference intakes for energy, carbohydrate, fiber, fat, fatty acids, cholesterol, protein, and amino acids.* 1. ed. Washington: The National Academy Press, 2002.

JACQUE, M. G. *Saúde mental e trabalho*. Petrópolis: Vozes; 2002.

JANSSEN, I. et al. Years of Life Gained Due to Leisure-Time Physical Activity in the U. S. *American Journal Preventive Medicine*, v. 44, n. 1, p. 23-29, 2013.

JONSDOTTIR, I. H. et al. A prospective study of leisure-time physical activity and mental health in Swedish health care workers and social insurance officers. *Preventive Medicine*, v. 51, n. 5, p. 373-377, 2010.

KHAN, A.; BROWN, W. J.; BURTON, N. W. What physical activity contexts do adults with psychological distress prefer? *Journal of Science and Medicine in Sport*, v. 16, n. 5, p. 1-5, 2012.

KOUVONEN, A. et al. Job strain and leisure-time physical activity in female and male public sector employees. *Preventive Medicine*, v. 41, n. 2, p. 532-539, 2005.

LAHTI, J.; LAHELMA, E.; RAHKONEN, O. Changes in leisure-time physical activity and subsequent sickness absence: A prospective cohort study among middle-aged employees. *Preventive Medicine*, v. 55, n. 6, p. 618-622, 2012.

LEITE, N. et al. Estilo de vida e prática de atividade física em colaboradores paranaenses. *Revista Brasileira de Qualidade de Vida*, v. 1, n. 1, p. 1-14, 2009.

LEUNG, M.; CHAN, Y. S.; YU, J. Preventing construction worker injury incidents through the management of personal stress and organizational stressors. *Accident Analysis and Prevention*, v. 48, n. 1, p. 156-166, 2012.

LINDSTRÖM, M. Social capital, desire to increase physical activity and leisure time physical activity: A population-based study. *Publichealth*, v. 125, n. 7, p. 442-447, 2011.

LIPP, M. E. N. Estresse emocional: a contribuição de estressores internos e externos. *Revista de Psiquiatria Clínica*, v. 28, n. 6, p. 347-349, 2001.

LOURES, D. L. et al. Estresse mental e sistema cardiovascular. *Arquivos Brasileiros de Cardiologia*, v. 78, n. 5, p. 525-30, 2002.

MACIEL, E. S. et al. The relationship between physical aspects of quality of life and extreme levels of regular physical activity in adults. *Cadernos de Saúde Pública*, v. 29, n. 11, p. 2.251-2.260, 2013.

MAGALHÃES, E. et al. Prevalência de síndrome de Burnout entre os anestesiologistas do Distrito Federal. *Revista Brasileira de Anestesiologia*, v. 65, n. 2, p. 1-7, 2014.

MARTINEZ, M. C., LATORRE, M. R. D. O. Fatores associados à capacidade para o trabalho de trabalhadores do Setor Elétrico. *Cadernos de Saúde Pública*, v. 25, n. 4, p. 761-772, 2009.

MARTINS, Leonardo Fernandes. *Estresse ocupacional e esgotamento profissional entre profissionais da atenção primária à saúde*. Dissertação (Mestrado em Psicologia)— Universidade Federal de Juiz de Fora, Juiz de Fora, 2011.

MASLACH, C. P.; LEITER, PM. *Fonte de prazer ou desgaste?* Guia para vencer o estresse na empresa. Campinas: Papirus, 1999.

MASLACH, C., SCHAUFELI, W. B., LEITER, M. P. Job Burnout. *Annu. Rev. Psychol*, 52: 2001. p. 397-422.

MASLACH, C.; JACKSON, S. E. *Maslach Burnout Inventory*. 2. ed. Palo Alto, CA: Consulting Psychologist Press, 1986.

MCLAURINE, W. D. *A correlational study of job Burnout and organizational commitment among correctional officers*. School of Psychology: Capella University, 2008.

MASSOLA, R. M.; GUISELINI, R. C. Gestão de processos de atividade física nas corporações: etapas de implantação, resultados e novas demandas corporativas. In: VILARTA, R. GUTIERREZ, G. L. *Qualidade de vida no ambiente corporativo*. 1. ed. Campinas: IPES, 2008.

MASLACH, C.; JACKSON, S. E. The measurement of experienced Burnout. *Journal of Occupational Behavior*, v. 2, n. 1, p. 99-113, 1981.

MELLOR, N. et al. 'Management Standards' and work-related stress in Great Britain: Progress on their implementation. *Safety Science*, v. 49, n. 7, p. 1.040-1.046, 2011.

MESENGUER, C. M. et al. Leisure-Time Physical Activity in a Southern European Mediterranean Country: Adherence to Recommendations and Determining Factors. *Revista Espanhola de Cardiologia*, v. 62, n. 10, p. 1.125-1.133, 2009.

MESENGUER, C. M. et al. Leisure-Time Physical Activity in a Southern European Mediterranean Country: Adherence to Recommendations and Determining Factors. *Revista Espanhola de Cardiologia*, v. 62, n. 10, p. 1.125-1.133, 2009.

MESENGUER, C. M. et al. Trends in Leisure Time and Occupational Physical Activity in the Madrid Region, 1995-2008. *Revista Espanhola de Cardiologia*, v. 64, n. 1, p. 21-27, 2011.

MESQUITA, A.; ABREU, P. J. Desenvolvimento de pessoas e a motivação dos colaboradores do segmento da indústria de papel e celulose: um estudo de caso na unidade Piauí. *Revista Tecnologia & Informação*, v. 1, n. 2, p. 63-76, 2014.

MURTA, S. M. S. *Síndrome de Burnout e valores de vida nos Bombeiros Sapadores da Câmara Municipal de Coimbra*. 2013.

NAHAS, M. V. et al. Lazer ativo: um programa de promoção de estilos de vida ativos e saudáveis para o trabalhador da indústria. *Revista Brasileira de Atividade Física & Saúde*, v. 15, n. 4, p. 260-264, 2010.

NIEMAN, D. *Exercício e saúde*. 1. ed. São Paulo: Manole, 1999.

O'DOUGHERTY, M. et al. Life events, perceived stress and depressive symptoms in a physical activity intervention with young adult women. *Mental Health and Physical Activity*, v. 5, n. 2, p. 148-154, 2012.

OGATA, A. J. N. Os amplos benefícios de um estilo de vida saudável. In: OGATA, A. *et al*. *Profissionais saudáveis, empresas produtivas:* como promover um estilo de vida saudável no ambiente de trabalho e criar oportunidades para trabalhadores e empresas. 1. ed. Rio de Janeiro: Elsevier Editora, 2012.

ORGANIZAÇÃO MUNDIAL DA SAÚDE (OMS). *Relatório sobre a saúde no mundo 2001:* Saúde mental: nova concepção, nova esperança. Suíça: Office of Publication [Internet]. 2001 [cited 2013 Mar 15]; 150p. Disponível em: <http://www.dgs.pt/upload/membro.id/fichei ros/i006020.pdf>.

PARDO, A. *et al*. Health-enhancing physical activity and associated factors in a Spanish population. *Journal of Science and Medicine in Sport*, v. 17, n. 2, p. 1-7, 2013.

PASCHOAL, T.; TAMAYO, A. Validação da escala de estresse no trabalho. *Estudos de Psicologia*, v. 9, n. 1, p. 45-455, 2004.

PAWAR, S. C. A. A. *et al*. Occupational stress and social support in naval personnel. *Medical Journal Armed Forces India*, v. 68, n. 4, p. 360-365, 2012.

PELUSO, M. A. M.; ANDRADE, L. H. S. G. Physical activity and mental health: the association between exercise and mood. *Clinics*, v. 60, n. 1, p. 61-70, 2006.

PIRAJÁ, J. A. *et al*. Autoavaliação positiva de estresse e prática de atividades físicas no lazer em estudantes universitários brasileiros. *Revista Brasileira de Atividade Física e Saúde*, v. 18, n. 6, p. 740-749, 2013.

REATTO, D. *et al*. Prevalência da Síndrome de *Burnout* no setor bancário no município de Araçatuba (SP). *Archives of Health Investigation*. v. 3, n. 2, p. 1-8, 2014.

RECH, V.; FILHO, H. T.; MARTINS, M. M. Perfil do nível de atividade física de idosos hipertensos e diabéticos. *Revista Brasileira de Ciências do Envelhecimento Humano*, v. 9, n. 3, p. 394-404, 2012.

REDONDO, A. *et al*. Trends in Leisure Time Physical Activity Practice in the 1995-2005 Period in Girona. *Revista Espanhola de Cardiologia*, v. 64, n. 11, p. 997-1.004, 2011.

RIBEIRO, M. C. S. *Enfermagem e Trabalho:* fundamentos para a atenção à saúde dos trabalhadores. 2. ed. São Paulo: Martinari, 2012.

RICKARD, G. *et al*. Organisational intervention to reduce occupational stress and turnover in hospital nurses in the Northern Territory. Australia. *Collegian*, v. 19, n. 4, p. 211-221, 2012.

ROCHA, S. V. *et al*. Fatores associados à atividade física insuficiente no lazer entre idosos. *Revista Brasileira de Medicina do Esporte*, v. 19, n. 3, p. 191-195, 2013.

ROCHA, S. V. *et al*. Prática de atividade física no lazer e transtornos mentais comuns entre residentes de um município do Nordeste do Brasil. *Revista Brasileira de Epidemiologia*, v. 15, n. 4, p. 871-83, 2012.

ROD, N. H. *et al*. Perceived stress as a risk factor for changes in health behaviour and cardiac risk profile: a longitudinal study. *Journal of Internal Medicine*, v. 266, n. 5, p. 467-475, 2009.

RODRIGUES, U. M. P.; RIBEIRO, E. R. Síndrome de *Burnout* na equipe de saúde da família: uma revisão de literatura. *Revista Saúde e Desenvolvimento*, v. 5, n. 3, p. 167-181, 2014.

RODRIGUEZ, SYS. *Bournout em psicólogos:* prevalência e fatores associados. Tese de Doutorado realizada no Programa de Pós-Graduação em Psicologia da Pontifícia Universidade Católica do Rio Grande do Sul, Porto Alegre, 2015.

ROOIJ, S. R. Blunted cardiovascular and cortisol reactivity to acute psychological stress: A summary of results from the Dutch Famine Birth Cohort Study. *International Journal of Psychophysiology*, v. 90, n. 1, p. 1-7, 2012.

ROOTH, D. O. Work out or out of work — The labor market return to physical fitness and leisure sports activities. *Labour Economics*, v. 18, n. 3, p. 399-409, 2011.

ROWDEN, P. et al. The relative impact of work-related stress, life stress and driving environment stress on driving outcomes. *Accident Analysis and Prevention*, v. 43, n. 4, p. 1.332-1.340, 2011.

SALLES-COSTA, R. et al. Associação entre fatores sócio-demográficos e prática de atividade física de lazer no Estudo Pró-Saúde. *Cadernos de Saúde Pública*, v. 19, n. 4, p. 1.095-1.105, 2003.

SANTOS, A. F. O.; CARDOSO, C. L. Profissionais de saúde mental: manifestação de *stress* e *Burnout*. *Estudos de Psicologia*, Campinas, v. 27, n. 1, p. 67-74, 2010.

SANTOS, L. A. *Atividade física e morbidade cardiovascular referidas pelos gerentes e diretores de uma indústria automobilística*: influência de um programa de condicionamento físico supervisionado. 2008.

SÁ-SILVA, S. P.; YOKOO, E. M.; SALLES-COSTA, R. Fatores demográficos e hábitos de vida relacionados com a inatividade física de lazer entre gêneros. *Revista de Nutrição*, v. 26, n. 6, p. 633-645, 2013.

SCHNOHR, P. et al. Stress and life dissatisfaction are inversely associated with jogging and other types of physical activity in leisure time -The Copenhagen City Heart Study. *Scandinavian Journal of Medicine & Science in Sports*, v. 15, n. 2, p. 107-12, 2005.

SCHULTZ, G.; MOSTERT, K.; ROTHMANN, I. Repetitive strain injury among South African employees: The relationship with *Burnout* and work engagement. *International Journal of Industrial Ergonomics*, v. 42, n. 5, p. 449-456, 2012.

SEADE, Fundação Sistema Estadual de Análise de Dados. *Informações dos municípios paulistas*. 2014.

SILVA, L. C.; SALLES, T. L. A. O estresse ocupacional e as formas alternativas de tratamento. *Recape – Revista de Carreira e pessoas*, vol. VI, n. 02, 2016.

SILVA, Leandra Carla da; SALLES, Taciana Lucas de Afonseca. O estresse ocupacional e as formas alternativas de tratamento. p. 234/247. Artigo recebido em 19.9.2015 aprovado em 24.5.2016.

SILVA, R. S. et al. Atividade física e qualidade de vida. *Ciência & Saúde Coletiva*, v. 15, n. 1, p. 115-120, 2010.

SINOTT, E. C. et al. Síndrome de *Burnout*: um estudo com professores de Educação Física. *Movimento*, v. 20, n. 2, p. 519-539, 2014.

SNEDDON, A.; MEARNS, K.; FLIN, R. Stress, fatigue, situation awareness and safety in offshore drilling crews. *Safety Science*, v. 56, n. 1, p. 80-88, 2013.

SOUSA, C. A. et al. *Prevalência de atividade física no lazer e fatores associados*: estudo de base populacional em São Paulo, Brasil, 2008-2009.

TAMAYO, A. Impacto dos valores da organização sobre o estresse ocupacional. *Revista de Administração Contemporânea*, v. 1, n. 2, p. 20-33, 2007.

TAVARES, K. F. A. et al. Ocorrência da síndrome de *Burnout* em enfermeiros residentes. *Acta Paulista de Enfermagem*, v. 27, n. 3, p. 260-265, 2014.

TIGBE, W. W.; LEAN, M. E. J.; GRANAT, M. H. A physically active occupation does not result in compensatory inactivity during out-of-work hours. *Preventive Medicine*, v. 53, n. 1, p. 48-52, 2011.

TOMAZELA, N.; GROLLA, P. P. Síndrome de *Burnout*. 5º Simpósio de Ensino de Graduação; 23-25 out. 2007; Piracicaba (SP); 5ª Mostra Acadêmica Unimep.

TORRES, E. R. *et al.* Leisure-time physical activity in relation to depressive symptoms in African--Americans: Results from the National Survey of American Life. *Preventive Medicine*, v. 56, n. 6, p. 410-412, 2013.

TRIGO, T. R.; TENG, C. T.; HALLAK, J. E. C. Síndrome de *Burnout* ou estafa profissional e os transtornos psiquiátricos. *Revista de Psiquiatria Clínica*, v. 34, n. 5, p. 223-233, 2007.

TRIGO, T.R. *et al.* Síndrome de *Burnout* ou estafa profissional e os transtornos psiquiátricos. *Revista Psiquiatria Clínica*, 34 v(5) 223-233, 2007.

TRINDADE, L. L.; LAUTERT, L. Síndrome de *Burnout* entre os trabalhadores da Estratégia de Saúde da Família. *Revista da Escola de Enfermagem da USP*, v. 44, n. 2, p. 274-279, 2010.

TRINDADE, L. L. *O estresse laboral da equipe de saúde da família:* implicações para a saúde do trabalhador [dissertação]. Porto Alegre (RS): Universidade Federal do Rio Grande do Sul, Escola de Enfermagem; 2007.

TSAUR, S.; TANG, Y. Job stress and well-being of female employees in hospitality: The role of regulatory leisure coping styles. *International Journal of Hospitality Management*, v. 31, n. 4, p. 1.038-1.044, 2012.

TUCUNDUVA, L. T. C. M. *et al.* A síndrome da estafa professional em médicos cancerologistas brasileiros. *Revista da Associação Médica Brasileira*, v. 52, n. 2, p. 108-112, 2006.

TUDOR-LOCKE, C.; BURTON, N. W.; BROWN, W. J. Leisure time physical activity and occupational sitting: Associations with steps/day and BMI in 54–59 year old Australian women. *Preventive Medicine*, v. 48, n. 1, p. 64.68, 2009.

VASCONCELOS, F. F.; GRANADO, E.; JUNIOR, J. M. Estudo comparativo sobre a incidência da Síndrome de *Burnout* em professores da rede pública e privada de Maringá – PR. *Revista Saúde e Pesquisa*, v. 2, n. 1, p. 23-26, 2009.

VIEIRA, J. L. L.; PORCU, M.; ROCHA, P. G. M. A prática de exercícios físicos regulares como terapia complementar ao tratamento de mulheres com depressão. *Jornal Brasileiro de Psiquiatria*, v. 56, n. 1, p. 23-28, 2007.

VOLPATO, C. D.; GOMES, F. B.; CASTRO, M. A.; BORGES, S. K.; JUSTO, T.; BENEVIDES-PEREIRA, A. M. T. *Burnout* em profissionais de Maringá. *Revista Eletrônica InterAção Psy*, 2003. 1(1): p.102-111.

WANG, H. *et al.* Psychosocial stress at work is associated with increased dementia risk in late life. *Alzheimer's & Dementia*, v. 8, n. 2, p. 114-120, 2012.

WANG, Y. *et al.* Occupational, Commuting, and Leisure-Time Physical Activity in Relation to Heart Failure Among Finnish Men and Women. *Journal of the American College of Cardiology*, v. 56, n. 14, p. 1.140-1.148, 2010.

XAVIER, J. W. O.; RIOS, O. L.; FRANÇA-BOTELHO, A. C. Qualidade de vida no trabalho, o desafio de vencer a síndrome de *Burnout* e suas consequências. *Revista Saúde e Pesquisa*, v. 6, n. 1, p. 117-121, 2013.

YANG, X. *et al.* The benefits of sustained leisure-time physical activity on job strain. *Occupational Medicine*, v. 60, n. 5, p. 369-375, 2010.

Bibliografia

MANUAIS DE LEGISLAÇÃO ATLAS. *Segurança e Medicina do Trabalho.* 57. ed. Brasil, Lei n. 6.514 de 22 de dezembro de 1977, Ministério do Trabalho e Emprego, Portaria n. 3.214/78, Norma Regulamentadora 18 – Condições e Meio Ambiente de Trabalho na Indústria da Construção.

MANUAIS DE LEGISLAÇÃO ATLAS. *Segurança e Medicina do Trabalho.* 57. ed. Brasil, Lei n. 6.514 de 22 de dezembro de 1977, Ministério do Trabalho e Emprego, Portaria 3.214/78, Norma Regulamentadora 1 – Disposições Gerais.

MANUAIS DE LEGISLAÇÃO ATLAS. *Segurança e Medicina do Trabalho.* 57. ed. Brasil, Lei n. 6.514 de 22 de dezembro de 1977, Ministério do Trabalho e Emprego, Portaria 3.214/78, Norma Regulamentadora 5 – Comissão Interna de Prevenção de Acidentes.

MANUAIS DE LEGISLAÇÃO ATLAS. *Segurança e Medicina do Trabalho.* 57. ed. Brasil, Lei n. 6.514 de 22 de dezembro de 1977, Ministério do Trabalho e Emprego, Portaria 3.214/78, Norma Regulamentadora 29 – Segurança no Trabalho Portuário.